# Aus dem Sturmgesang des Lebens

## Gesammelte Gedichte.

Franz Keim

# Impressum

Autor: Franz Keim
Umschlagkonzept: toepferschumann, Berlin

Verlag: tradition GmbH, Hamburg
ISBN: 978-3-8424-9115-1
Printed in Germany

## Aufgesang.

Ich will euch nicht den Flammen übergeben,
Ihr schaut mich so mit Kindesaugen an,
Als hätt' ich großes Unrecht euch getan,
Ich will euch nicht den Flammen übergeben.

Ihr seid der sonn'ge Traum in meinem Leben,
Der Jünglingstraum, mit dem ich einst begann,
Wie Genien begleitet ihr den Mann,
Ich will euch nicht den Flammen übergeben.

Ich hörte einst ein Glockenspiel vom Turm,
Im Anfang war's ein leises, leises Klingen,
Ein sanftes Tönen und ein tiefes Schwingen,

Da endlich ward's ein allgewalt'ger Sturm,
Allmächtiger Ausklang tiefen, innern Bebens:
So seid auch ihr ein Sturmgesang des Lebens.

# I.
# Junge Wanderschaft.

## Die Reise ins Leben.

Der ewig grüne Wald hat mich geboren;
Hoch überwölbt von seinem dunklen Zelt,
Begehrt' ich nicht den heißen Glanz der Welt,
In meine stille Einsamkeit verloren.

Ich fragte nichts nach Weisen und nach Toren,
Wer heute steigt und wer da morgen fällt,
Was Hochmut, was Verleumdung sich erzählt;
Oh, hätte mich kein Wahn herausbeschworen!

Mit stolzer Hoffnung hob ich mein Gesicht
Und trat heraus ans goldne Tageslicht
Und trank den Hauch der Welt mit vollem Herzen.

Der Trunk des Lebens wurde mir zum Brand,
Und beide Augen deckt' ich mit der Hand,
Denn was ich sah, das war ein Bild der Schmerzen.

# Abschied.

Wer scheiden will, der soll's am frühen Morgen,
Bevor die lichten Sterne bleich vergehn,
Bevor das glüh'nde Sonnenhaupt zu sehn,
Von Wäldern und von Bergen tief verborgen.

Da schlafen noch die Zweifel und die Sorgen,
Es wandelt durch die Welt ein frisches Wehn,
Du wirst die Trennung leichter überstehn –
Wer scheiden will, der soll's am frühen Morgen.

Ich aber schied bei Mittagssonnenbrand
Von meiner Heimat und vom Vaterland,
Mir war, als ob mich tausend Stimmen riefen:

Denk an die Nacht und an des Abgrunds Tiefen!
Wie mancher tut die Fahrt nach seinem Glück,
Und findet's nicht und kehrt nicht mehr zurück.

# Im Süden.

Ich schritt hinunter am Canale grande,
Die Schiffe lagen ruhig Bord an Bord,
Und weiter, immer weiter schritt ich fort,
Das Abendrot erlosch mit glühendem Brande.

O zaubervolle, fremde Welt am Strande!
Da lehnt ein blonder Bursch am Steuer dort,
Er singt ein Lied, ich weiß es Wort für Wort,
Ein muntres, altes Lied aus deutschem Lande.

So frischaufjubelnd, wie der Sang mich traf!
Und nähertretend rief ich: »Landsmann, brav!«
Ein schwarzer Hund fuhr auf vor meinem Schritte.

Und wie zu horchen schwamm der Mond im Golf.
Der Landsmann aber sagte: »Ruhig, Wolf!«
Und war mit einem Sprung in der Kajüte.

## Meersturm.

O Meer im Aufruhr, bei des Sturms Getön,
Wenn deine Wasser rauschen auf und nieder,
Bei deinem Zorn gedenk' ich alter Lieder
Nordländischer Klippen, nebelhafter Höh'n.

Die junge Gudrun, bleich und blond und schön,
Mit harten Fesseln um die weichen Glieder,
Wehklagt am Strand und wirft sich weinend nieder,
Es überheult der Meerwind ihr Gestöhn.

Sie ward geraubt. So steht sie oft am Strand,
Die Heimatlose, schaut gen Helgoland.
Der Sturm ward still, die See hat sich geglättet.

Ist das ein Segel? Ist's ein fernes Riff?
Schau' hin! Erkennst du König Herwigs Schiff?
Es kommt der Bräutigam – du bist gerettet!

# Heimweh.

Kennt ihr das Lied »Zu Straßburg auf der Schanz?«
Kennt ihr das Lied vom armen Schweizerjungen,
Der, heimwehkrank, tief in den Rhein gesprungen?
Hier in der Fremde, hier versteh' ich's ganz.

Nach Norden eilt der Wolken luft'ger Tanz,
Ich schau' empor und hab' das Lied gesungen,
Allmächt'ges Heimweh hat mein Herz bezwungen,
Das fremde Meer glüht auf in fremdem Glanz.

Mein Herz steht still, das Auge wird mir feucht,
Ein einz'ger Sprung – ist alles, wie mir deucht;
Wer denkt an mich in weiter, weiter Ferne?

Ein Sarg von blauem Marmor ist die Flut,
Ein Sterbemantel, weich und weit und gut,
Der Totenkranz sind Sonne, Mond und Sterne.

# Emilia.

Vor einem Grabmal unter den Zypressen,
Im dunklen Schleier und im schwarzen Kleid,
Sah ich dich stehn so jung, so reich an Leid,
Du schönes Bild, ich kann dich nicht vergessen!

Vor einem Grabmal unter den Zypressen
Begrüßt' ich dich, du gabst mir sanft Bescheid;
Der blaue Himmel glänzte weit und breit,
Es dehnte sich das Meer so unermessen.

Da fühlt' ich all mein eignes Leid versenkt;
Es dufteten so mild die Grabesrosen,
Als grüßten sie den armen Heimatlosen:

Glückauf! dich hat der Himmel reich beschenkt,
Du gehst nicht mehr allein auf fremden Wegen,
Ein guter Engel wandelt dir entgegen.

## San Giacomo.

Freund Caliban, mein drolliger Genoß,
Ein weingerötet, struppiger Geselle,
Führt lächelnd mich vor deines Hauses Schwelle
Und öffnet mir des Gartengitters Schloß.

Da seh' ich dich in deiner Schwestern Troß,
Es grüßt mich deines Auges Blick, der helle,
Und durch das grüne Gärtlein schreit' ich schnelle.
Oh, wie das Blut in deine Wangen schoß!

Mit deutschen Worten und in deutscher Weise
Bewillkommt deine Mutter mich, die greise.
Du aber reichst mir ruhig deine Hand.

Du führst mich aufwärts durch der Schwestern Reigen
Ins Hochgeschoß, vom Söller mir zu zeigen
Dein Königreich, den Himmel, Meer und Land.

# Rückkehr nach Norden.

Leb' wohl, o Meer, o Fels, o grüne Bucht!
Du Rosengärtlein, Laubgewind' aus Reben! –
Mich treibt hinweg das mitleidlose Leben
Zu unaufhaltsam ruheloser Flucht.

Wer nach der blauen Wunderblume sucht,
Der sucht vergeblich. Böse Geister schweben
Ob unserm Haupt, die ihre Geißeln heben. –
Leb' wohl, o Meer, o Fels, o grüne Bucht!

Noch einmal von des Karstes grauen Höh'n
Schau' ich aufs Paradies zu meinen Füßen,
Des Südens Schönheit noch einmal zu grüßen.

Durch meine Seele braust es wie der Föhn,
Und Tränen, die ich nie mehr weinen werde,
Sind mein Geschenk an dich, du fremde Erde!

# Nachtwandler.

So wandelt wohl ein Mensch im tiefsten Traum,
Wenn andre Schläfer längst im Schlummer liegen,
Mit leisem Fuß empor die dunklen Stiegen
Hinauf bis in des Hauses höchsten Raum.

Im Garten singt kein Vogel, rauscht kein Baum,
So lautlos ist die Nacht, so tief verschwiegen.
Nur oben hoch die weißen Wolken fliegen,
Ein sanft verklärter, nebelhafter Schaum.

Der Träumer klettert fort, er scheint zu schweben,
Er lächelt in des Mondes bleichen Strahl;
Da schnarrt die Uhr, der Hammer will sich heben,

Es tönt vom Turm ein langer dumpfer Schall,
Der Träumer hört's und schaudert auf mit Beben
Und stürzt hinab zu rettungslosem Fall.

## Mensch und Weidenbaum

Ich ward gepflanzt an einen düstern Ort,
Zu wenig war vom Blau des Himmels mein,
Um ein gesunder, stolzer Baum zu sein.
Ich ward gepflanzt an einen düstern Ort.

Der Mensch ist wie der Weidenbaum, er dorrt,
Verwittert oft ins tiefste Mark hinein,
Doch gib ihm nur ein Stündchen Sonnenschein,
So grünt die alte Weide wieder fort.

Mein Leben war wie eine lange Nacht,
Unselige Wolken trieb der Sturm mit Macht,
Irrlichter tanzten lockend auf der Heide. –

Da kam der Morgen; es zerstob der Spuk.
Es trat hervor in ihrem schönsten Schmuck
Die Sonnenfrau und fragte: »Lebst du, Weide?«

## An die Romantik

Du bist die schöne Waldfrau Melusine,
Ich bin ein armer wandernder Gesell;
Wir trafen uns im Wald an einem Quell.
Es ist schon manche Zeit, daß ich dir diene.

Als Wächter stund das Reh mit kluger Miene,
Wir ruhten auf des Mooses grünem Fell,
Ich bin ein armer wandernder Gesell.
Du bist die schöne Waldfrau Melusine.

Du hieltst die blaue Blume in der Hand,
O daß so schnell die holde Zeit verschwand!
Weißt du es noch? Es waren schöne Stunden!

Da kam der Sturm und schüttelte den Baum.
Ich wachte auf als wie aus tiefstem Traum,
Und seh' dich nicht und hab' dich nicht gefunden.

## An einen Künstler

Hast du des Morgens, wenn du aufgewacht,
Schon einen frisch gepflückten Strauß gefunden?
Du weißt nicht, welche Hand ihn dir gebunden,
Er funkelt noch und blitzt vom Tau der Nacht.

So ist auch meine Gabe arm an Pracht,
Doch herzlich wie ein treues Wort empfunden,
Sie will dich freu'n in deinen stillen Stunden,
Dich freu'n, wenn keine andre Freude lacht.

In meiner Seele duftet's, lebt's und blüht's,
O nimm die wilden Blumen des Gemüts,
Bei fremden Menschen müßten sie verderben.

Sie wuchsen auf in Sturm und Sonnenschein,
Sie sind dir ähnlich, willst du, sind sie dein;
Wenn du sie liebhast, werden sie nicht sterben!

# Vor einem Bilde

O Maler, wie ergreift mich dein Geschick!
Als du das schönste Frauenbild vollendet,
Warst du von seinem Zauber tief geblendet,
Du kamst um deinen Frieden, um dein Glück.

Noch einmal mit dem letzten langen Blick
Hast du zu deiner Schöpfung dich gewendet
Und dann im wilden Todessturz geendet.
Es war ein Bild, es rief dich nicht zurück.

Sie fanden dich. Zerschmettert war dein Haupt,
Sie haben viel vermutet und geglaubt,
Wie konnten sie auch ahnen, was dir fehle?

Es war nicht Armut und es war nicht Not,
Die Liebe trieb dich in den bittern Tod,
Du wolltest für dein Bild auch eine Seele!

## An eine Künstlerin

O wie beneid' ich die allmächtigen Klänge,
Die dich auf Flügeln heiligen Sturms erheben!
Ich schau' dich an, ich sehe dich entschweben,
Und bleib' zurück in dieser ewigen Enge.

Es klingen fern die seligen Gesänge
Der hohen Geister, die dich dort umgeben,
Und doppelt einsam kämpft mein armes Leben,
Erdrückt in der empfindungslosen Menge.

Beethoven schweigt. Die Hörer rings im Kreise
Sind tief erschüttert und sie flüstern leise,
Und wie es still wird, kehrst auch du zurück.

Da jauchzt mein Herz in seinem höchsten Glück,
Ich sehe dich und rufe wie von Sinnen:
»Bleib unter uns und geh nicht mehr von hinnen!«

# Kaulbach und Cornelius

Cornelius ist finster, streng und groß,
Ein Geist, wie jene unterirdischen Richter,
Es zucken seiner Schöpfung glühende Lichter
Aus Dantes dunkler Hölle düsterm Schoß.

Und Kaulbach, sein unsterblicher Genoß,
Ist, wenn er malt, wie Sophokles, ein Dichter,
Ums heitre Haupt den Lorbeer Goethes flicht er,
Er schaut die ewige Schönheit nackt und bloß.

Des einen Schatten ist des andern Licht.
Die Muse sann. Sie wußte lange nicht,
Wen sie zu ihrem Liebling sich erwähle.

Doch plötzlich sprach sie:»Seid ein einz'ger Mann,
Der Freund vollende, was der Freund begann.
Seid in der Schönheit eine einzige Seele!«

# Entfremdung

Mir ist die Heimat wie ein fremdes Land,
Und über fremde Treppen muß ich schreiten;
Was einst mein Herz besaß, seh' ich im Weiten,
Und süße Hoffnung reicht mir nicht die Hand.

Gelöst ist lauer Freundschaft loses Band,
Das Schiff des Glücks seh' ich vorübergleiten. –
Bin ich denn noch derselbe, der vorzeiten
Voll Zuversicht im Lebensgarten stand?

Nein, ich bin's nicht mehr! Einsamkeit und Sorgen
Umdüstern meines Lebens jungen Morgen,
Verwandeln mich zum Bettler über Nacht.

Ihr Glücksverwöhnten, die mich nicht mehr kennen,
Ihr sollt nicht wissen, wie die Wunden brennen,
Denn ich bin stolz und meine Miene lacht.

# Ergebung

Ein König ist der Mensch, wenn die Gedanken
Durch seine Seele wandeln, wie ein Strom,
Erhaben, unaufhaltsam, tief und fromm,
Der Felsen sich bewußt, der ew'gen Schranken.

Doch weh! wenn die Gewässer sich zerzanken,
Wenn wild die Flut ihr Ufer überklomm,
Dann stürzt manch hoher Fels, manch heil'ger Dom –
Wer zählt die armen Rosen, die ertranken?

Auch meine Brust ist solch ein öder Strand,
Mich hat getroffen Gottes Wetterhand,
Sie traf mich wie ein Blitz im tiefsten Herzen.

Doch auch ein öder Strand wird wieder grün,
Ich hoffe, neues Leben soll erblühn,
Und opfre stumm auf dem Altar der Schmerzen.

# Siesta tedesca

Am schönen See zu Garten
Da war ich einst zu Gast,
Da hing ich mein' Halparten
An einen grünen Ast.

Am schönen See zu Garten
Da steht ein weißes Haus,
Da ruht nach langen Fahrten
Der müde Landsknecht aus.

Am schönen See zu Garten
Da will ich Winzer sein –
Du schönste der Lombarden
Bei Rosen, Lieb' und Wein!

# Gruß an die Schweiz

Sei mir gegrüßt, du Land des Tell,
Du Freistatt der Gedanken!
Ich bin ein fahrender Gesell,
Verschließ mir nicht die Schranken.

Auf deinen Bergen laß mich stehn,
Wo Gottes Stürme sausen,
Ich will nicht mehr die Würmer sehn,
Die in der Tiefe hausen.

Die ew'ge Sonne wird mir dort
Ihr schönes Antlitz zeigen,
Und jubelnd sing' auch ich mein Wort
Zum großen Menschheitsreigen.

## Ulrich Huttens Grab

Es steigt ein Eiland aus der Flut
Im blauen Zürchersee,
In seiner kühlen Erde ruht
Ein Herz nach Sturm und Weh.

Ein Weidenbaum, ein Kreuz von Stein
Stehn wachsam auf der Gruft,
Umglänzt von Gottes Sonnenschein,
Umweht von Bergesluft.

Ich komme wandernd durch die Welt,
Als heimatloser Knab',
Herr Ulrich Hutten, toter Held,
Ich pilgre an dein Grab.

Oh, segne mich zum harten Strauß,
Zum Streit mit Schurk und Schranz;
Oh, rüste mich zum Kämpfen aus,
Du Held im Ehrenkranz!

Du Weidenbaum, gib mir ein Blatt
Als Schmuck auf meinen Hut;
Ich zieh' hinaus zu freier Tat,
Voll Kraft und Lebensmut.

Und müßt' ich fallen auch im Streit
Und elend untergehn,
»Die Herberg' der Gerechtigkeit«
Wird dennoch auferstehn.

# Der Falkner

Ich bin ein junger Jäger,
Mein Wams ist grün und grau,
Ich dien' der schönsten Herrin
Im weiten Rheinlandsgau.

Ich bin ein lust'ger Falkner,
Ein übermüt'ger Schalk,
Am Hut sitzt mir die Feder
Und auf der Hand der Falk.

Ich hab' gelernt zu singen,
Wenn alles horcht und schweigt,
Und hochauf muß ich jubeln,
So oft mein Falke steigt!

Falk, bring uns einen Reiher,
Schwing dich zum fernen Strand.
Falk, bring uns einen Freier
Mit Volk und Burg und Land!

Mein lieber Vogel, schwing dich
In blaue Luft davon!
Zu hoch für meine Herrin
Ist nicht der Kaiserthron!

# Der Teufel im Wein

Zu Heidelberg da liegt ein Faß,
Kein Küfer mag's umspannen,
Manch trockner Bursche trinkt sich naß
Und will nicht mehr von dannen.

Wer stilles Leid und Kummer hat,
Der spornt sein Rößlein schneller
Und reitet in die heil'ge Stadt,
Zu dem gelobten Keller.

Und in dem Keller sitzt ein Zwerg,
Dem brauchst du nur zu winken,
Das Feuer vom Johannisberg
Läßt er dich durstig trinken.

Ein neuer Geist in Kopf und Herz
Macht deine Zunge lallen.
Ein Gott erhebt dich himmelwärts –
Der Teufel läßt dich fallen.

# Der Heidelberger Gnadenquell

Ich weiß eine Gnadenquelle
Zu Heidelberg im Schloß,
Nicht in der Burgkapelle,
Nein, tief im Erdgeschoß.

Hinunter muß man steigen,
Bedächtig, schwindelfrei,
Dann wird das Heil sich zeigen
In dunkler Sakristei.

Frischauf! ich hab' Erfahrung,
Zum Keller keck herein!
Die beste Offenbarung
Ist alter Neckarwein.

Wer tut den Heiltrunk spenden?
Ein alter, dicker Gauch
Mit Eisen um die Lenden
Und einem Riesenbauch.

Da lernt ein Lahmer springen,
Da lernt ein Blinder sehn,
Da lernt ein Stummer singen,
Da lernt ein Steifer gehn.

Stoßt an, ihr flotten Häuser!
Der Quell ist göttergleich:
Ein Hoch dem deutschen Kaiser,
Ein Hoch dem deutschen Reich!

# Heidelberg, grüß' Gott!

Ich bin wohl weit gefahren
Durch Welschland kreuz und quer
In meinen jungen Jahren,
Bis an das blaue Meer.

Ich sah die Berge steigen
In überstolzer Pracht,
Ich hab' den Alpenreigen
Erlauscht in stiller Nacht.

Wie weit ich auch geflogen
Mit kecker Wandergier,
Es hat mich heimgezogen,
Mein Heidelberg, zu dir.

Am Neckar auf der Brücke
Da wird das Herz mir groß,
Da heb' ich Haupt und Blicke
Empor zum alten Schloß.

Gott grüß' euch, liebe Mauern,
Im Morgensonnenduft,
Vorüber ist mein Trauern,
Ich atme Heimatsluft.

Gott grüß' euch, stolze Zinnen,
Ihr Giebel hoch und breit,
Gott grüß' auch dich da drinnen,
Du allerschönste Maid!

Ich komm' von weiter Reise,
Bin noch der alte Knab';
Gefällt dir meine Weise,
So horch' auf mich herab.

Laß mir ein Röslein fallen
Und übergib's dem Wind,
Mein Jauchzen soll erschallen
Zu dir hinauf, o Kind!

Mußt mir das Röslein schenken,
Ich steck's auf meinen Hut,
Will ewig dein gedenken,
Bin ja ein treues Blut.

Oh, könnt' ich dich erreichen!
Ach, du stehst viel zu hoch – –
O Schönheit ohnegleichen,
Was tut's? ich lieb' dich doch!

## Heidelberg, wach' auf!

O Heidelberg, du Krone,
Du Zier der alten Zeit,
Steh wieder auf und throne
In neuer Herrlichkeit.

Was willst du weiter klagen
Um längstversunknes Glück?
Du mußt zu hoffen wagen,
Und Schönres kehrt zurück.

Was willst du ewig trauern,
Aufseufzend wie der Sturm,
Um die gefallnen Mauern,
Um den geborstnen Turm?

Du sollst nicht länger weinen
Im grauen Büßerkleid,
Schon grüßen dich die Deinen,
Vergiß dein Herzeleid!

Blick' auf nach Strom und Landen!
Ein Wunder ist geschehn:
Das Reich ist auferstanden, –
Auch du sollst auferstehn!

Wir bau'n dir neu die Zinnen,
Wir bau'n dir neu das Dach;
Sollst neue Lust gewinnen
Nach langem Ungemach.

Sollst laut gepriesen werden,
So weit die Sonne schaut,
So weit man singt auf Erden,
Du edle Kaiserbraut!

## Marsilius von Inghen.

(Jubelsalamander auf das Gedächtnis des ersten Rektors der
Hochschule zu Heidelberg, Anno 1386.)

Marsilius von Inghen,
Du hochgelobter Mann,
Laß dir ein Prosit bringen
Und hör' uns gnädig an.

Vor fünfmalhundert Jahren
Hast du gepflegt dies Haus;
Wir wollen den Geist bewahren,
Den du gesendet aus.

Der Welt gewaltige Stürme
Erschüttern Dom und Schloß,
Es stürzen stolze Türme,
Im Steinwerk nistet Moos.

Doch deine Schule, Vater,
Steht fest vor jedem Schlag,
Es blüht die Alma mater
Schön, wie am ersten Tag.

Marsilius von Inghen,
Altrektor, fromm und brav.
Laß dir ein Prosit bringen,
Ruh' sanft im Todesschlaf!

Dein Werk soll sich bewähren;
Hab' Dank und letzten Gruß!
Schlaf fort in ew'gen Ehren,
Magnifizentissimus!

## Der Heidelberger Jubilar.

Sind's denn schon fünfzig Jahr,
– Hilfreicher Gott! –
Daß ich ein Bursche war,
Prächtig und flott?

Daß ich am Ludwigsplatz
Weisheit genoß,
Daß ich den liebsten Schatz
Täglich umschloß?

Daß ich vorüberstrich
Zum großen Faß
Und katzenjämmerlich
Beim »Hirschen« saß?

Daß ich früh morgens hieb
Ueber die Schnur,
Daß ich spät abends blieb
Auf der Mensur?

Daß ich vom Söller weit
Jauchzte zum Strom? – – –
Jugendzeit! Jugendzeit!
Komm wieder, komm!

Seht, ich will tapfer sein,
Stark und gestählt,
Ob mir auch in den Wein
Ein Tränlein fällt.

Bin ich auch längst ergraut,
Frisch, ohne Scheu!
Heidelberg, Herzensbraut,
Dir blieb ich treu!

Wär' ich alt hundert Jahr,
Jung bin ich doch;
Dein bin ich immerdar,
Heidelberg hoch!

## Verlassenes Mädchen.

Ich stand im Wald, am grauen Stein
Bei Nacht und Sturm und Regen,
O Gott, ich war so ganz allein –
Da trat er mir entgegen.

Bei brennend roter Fackeln Glut,
Zu Roß, hochaufgerichtet,
Sah er mich an und schwang den Hut
Ich war beglückt, – vernichtet.

Es weiß kein Mensch um meine Not,
Mein Herz ist mir beklommen;
Ich weiß, das ist mein früher Tod,
Mein Schatz will nicht mehr kommen.

## Die wilde Jagd.

Im Wald da geht die wilde Jagd
Seit so viel hundert Jahren,
Da hört man, wenn der Sturmwind klagt.
Den wilden Jäger fahren.

Er kommt auf grauem Wolkenroß
Hoch durch die Luft gezogen,
Und hinter ihm sein Jägertroß
Wie Rabenvolk geflogen.

Bei Tag und Nacht, bei Nacht und Tag
Läßt er sein Weidhorn tönen,
Weil er an Gott nicht glauben mag,
So muß er Gott verhöhnen.

Und wer ihn hört, der säumt sich nicht,
Wirft rasch sich vor dem Reiter
Zur Erde auf das Angesicht, –
Das wilde Heer zieht weiter.

Doch bist du kühn, schaust fest ihn an,
Gleich wird sein Fluch dich packen,
Auf immer ist's um dich getan.
Dein Antlitz steht im Nacken.

Es reißt dich auf, du mußt mit fort.
Du mußt durch alle Zeiten,
Von Gott verdammt, von Ort zu Ort
Auf ewig mit ihm reiten.

# O Salzburg!

O Salzburg, o Salzburg,
Du wunderschöne Stadt,
Mit Gottes blauem Himmel,
Wenn's nicht geregnet hat.

O Salzburg, o Salzburg,
Mit deinem Untersberg,
Wo schlafend sitzt der Kaiser,
Bis ihn erweckt der Zwerg.

O Salzburg, o Salzburg,
Schon sind's viel hundert Jahr,
Daß deine Raben krächzen,
Dein Baum nicht blühend war.

O Salzburg, o Salzburg,
Du Edelstein der Welt,
Wann kommt der Tag der Heerschau
Auf deinem Walserfeld?

## Psalm zu Mozarts Requiem.

Herre Gott, du großer Meister.
Der die weite Welt erschaffen,
Dir gehorchen alle Geister,
So die Laien wie die Pfaffen.

Deines Ruhmes ist kein Ende,
Zu dir beten tausend Herzen,
Zitternd heben sich die Hände,
Du gibst Freuden, du gibst Schmerzen.

Stärker, als das stärkste Horn ist.
Redest du aus Ungewittern,
Herre Gott, wenn du im Zorn bist,
Muß die bange Erde zittern.

Zittern muß der Grund der Steine,
Die die Burg des Königs tragen,
Und der Schuld'ge wie der Reine
Muß die Brust in Demut schlagen.

Herre Gott, du wirst die Seele,
Die dich anruft, gnädig richten;
Herre Gott, du wirst die Seele,
Die geliebt hat, nicht vernichten!

## Paracelsus von Hohenheim.

O Paracelsus, heiliger Mann
In deiner Weisheit Völle,
Wir beten dich in Ehrfurcht an
Im »Wirtshaus zu der Hölle«.

Das echte Lebenselixier,
Der Wahrheit tiefster Bronnen,
War deinem Geist altbayrisch Bier,
Vom Zapfen frisch gewonnen.

Das groß und kleine Weltgebäu,
Des Universums Tiefen
Studiertest du beim »Höllenbräu«,
Wenn Tier und Menschlein schliefen.

Da blicktest du ins feuchte Glas
Und tätst andächtig nippen,
Es wurden dir die Aeuglein naß,
Der Schaum stand vor den Lippen.

Allmitternächtlich tatst du stumm
Den letzten Liter leeren,
Du hörtest im Delirium
Die Harmonie der Sphären.

Sie ließen dich in Acht und Bann
Der bösen Dummheit sterben, –
O Paracelsus, heil'ger Mann,
Sie ließen dich verderben!

Du warst der schlauen Welt zu klug,
Du warst – es ist kein Zweifel, –
Fürs Himmelreich nicht fromm genug:
Drum holte dich der Teufel.

# II.
# Heimkehr.

## Mein Unschätzbarer.

Ach, wie trug man mich auf Händen,
Als das Glück bei mir zu Haus,
Um sich rasch hinweg zu wenden,
Als es mit dem Glücksstern aus.

Du allein bist mir geblieben
Pudeltreu in Pech und Not;
Oh, ich will dich dafür lieben,
Niemand treibe mit dir Spott!

Dir verbarg ich kein Geheimnis,
Dir vertraut ich manches Wort,
Ohne Zögern, ohne Säumnis
Folgst du mir an jeden Ort.

Schläfst mit mir in gleicher Kammer,
Ist auch noch so eng der Raum,
Teilst Behaglichkeit und Jammer,
Hoffnung und Erinnrungstraum.

Wirst bei Sonnenbrand und Wettern
Mir zum Schutz durchglüht, benetzt,
Und bei Basen und bei Vettern
Werd' ich meist nach dir geschätzt.

Sitzest stumm mit mir bei Tische,
Gönnst mir neidlos jedes Mahl,
Ziehst mit mir hinaus ins frische
Hochgebirg, ins grüne Tal.

Niemals fällt's dir ein, zu klagen,
Heb' ich zürnend auch den Stock,

Aller Welt will ich es sagen
Wer du bist: du bist mein – Rock!

## Die Linde im Tal.

Steht eine Linde im tiefen Tal,
Grau und verwittert,
Hoch in den Zweigen der Sonnenstrahl.
Goldgrün zittert.

Singen dort mannige Vögelein
Jegliche Stunde,
Singen mir fröhlich ins Herz hinein,
Daß ich gesunde.

Singe nun selber und kehr' zurück,
Tief im Innern
Dämmert von alle dem Leid und Glück
Kaum ein Erinnern.

Ich lausche an der Tür hinein,
Im Hause ist es totenstill.
O Mütterlein, lieb Mütterlein,

## Mutter und Kind.

Du wirst gesunden, wenn Gott es will!
Du hast geduldet zwanzig Jahr
Und sagtest nichts und klagtest nichts.
Dein Herz, das soviel Liebe war.
Vielleicht zu dieser Stunde bricht's.

Und war's, und trüg' man dich hinaus.
Das einzig Letzte, was mich hält,
So scheid' ich arm vom Vaterhaus,
Ein Fremdling in die weite Welt.

O still! das klang von deinem Mund,
Ein Aechzen war's, so schmerzlich tief,
So aus der Mutterseele Grund,
Das bebend meinen Namen rief.

Ich lausche ohne Laut hinein,
Es regt sich, es flüstert, geschwind, geschwind!
Du lebst, du lächelst, mein Mütterlein,
Ich bin so selig, ich bin dein Kind!

## Im alten Friedhof zu Gmunden.

Auf diesem kleinen Kirchhof ruht ein Herz,
Das größer war, als tausend, die noch schlagen,
Erschüttert und getäuscht in jungen Tagen,
Vernichtet von des Lebens großem Schmerz.

Kein Totenbild von Marmor oder Erz
Wird je, was du erduldet, würdig sagen.
Verschlossen ist der Mund mit seinen Klagen,
Die reine Seele schwang sich himmelwärts.

Ein alter Ulmbaum steht an deiner Gruft,
Mild, wie dein Atem, weht die Sommerluft,
Turmschwalben bauen ruhig ihre Nester.

Ich möchte scheiden und ich kann nicht fort;
Hast du für unsre Mutter nicht ein Wort?
Bist du auch ewig stumm, geliebte Schwester?

# Meiner Mutter

**(zum siebenzigsten Geburtstage).**

Du gabst das Leben uns mit Schmerzen,
Du hast in mancher dunklen Nacht
Mit deinem treuen Mutterherzen
Für uns gebetet und gewacht.

Du sahst die Töchter früh erbleichen
Und sinken in den bittern Tod,
Du schmücktest ihre jungen Leichen,
Und was du littest, weiß nur Gott.

Es sank ein grenzenloser Jammer,
O Mutter, auf dein heilig Haupt,
Du weintest stumm in deiner Kammer
Und doch hast du an Gott geglaubt.

O sieh! aus dunklen Finsternissen
Lacht wieder hell der Sonnenschein,
Die Nachtgewölke sind zerrissen,
Du bist noch unser – wir sind dein!

Dein Schmerz ist wie ein Traum von gestern
Aus Leid wird Lust, aus Sturm wird Ruh';
Und statt der frühgeschiednen Schwestern
Führt dir dein Sohn die Gattin zu.

Du großes Herz, gib uns den Segen!
Ich weiß ja, daß dich Gott erhört,
Du bist der Stern auf unsern Wegen,
Der jeden bösen Stern beschwört.

Es glüht die Seele mir wie trunken
Und jubelt, wenn sie dein gedenkt;
Es glüht der heil'ge Gottesfunken,
O Mutter, den du mir geschenkt.

Oh, laß mich deiner würdig werden!
Das sei mein Stolz, das sei dein Lohn,
Das sei mein höchstes Glück auf Erden:
Was ich auch bin – ich bin dein Sohn!

## Traunkirchen am See.

Gotteshaus mit ernstem Schweigen
Auf dem grauen Felsen ruht,
Aus der Bäume grünen Zweigen
Schaut es nieder in die Flut.

Wenn es stürmt und wenn es brandet
Unten um des Felsens Fuß,
Heil dem Schiffer, der hier landet,
Weil ihn Gott beschirmen muß.

# III.
## Fresken aus Wien.

### Zueignung meiner »Sulamith«.

So bist du ewig, staubgebornes Herz,
So glühtest du in grauer Vorzeit Tagen,
So wirst du nach Jahrtausenden noch schlagen
In höchster Freude und im tiefsten Schmerz.

Der Künstler, ob auf Marmor, ob auf Erz,
Auf Pergament – was kann er Neues sagen?
Er wiederholt die ewig gleichen Klagen,
Den alten Jubel und den alten Scherz.

So geh denn hin und wandle, mein Gedicht!
Die grenzenlose Erde steht dir offen.
So geh denn hin und wandle, mein Gedicht!

Und wenn dein Mund zum Menschenherzen spricht.
Wenn Leid sich freut, wenn Hoffnungslose hoffen:
Das ist der schönste Kranz, den man uns flicht.

## Medea.

Medea mit den Kindern, welch ein Bild!
Das bleiche Haupt vom dunklen Haar umflossen,
Zum Streich, der auch die Mutter trifft, entschlossen,
Medea mit den Kindern, welch ein Bild!

Sie zückt den Dolch, allein ihr Jüngstes spielt
Mit einer Blume, sinnvoll halb erschlossen,
Ein Blick aus diesem Kinderaug', dem großen,
Entwaffnet ihre Hand, ihr Herz wird mild.

Doch Gora ruft: Was zögerst du? Er naht,
Er wird dich wieder höhnen, auf, zur Tat!
Medea ist kein Weib, die Kinder sinken. –

Und Jason kommt. Zu spät! Er rettet nicht.
Medea ruft: Aus meinem Angesicht!
Wenn du zur Rechten gehst, ich geh' zur Linken.

## Im Münster von St. Stefan.

Erhaben bist du, Dom von grauen Steinen,
In dem ich einst den schönsten Traum erlebte:
Die Orgel sang, und meine Seele bebte,
Mein Herz war voll zum Jauchzen und zum Weinen.

Die unterird'schen Sterne sah ich scheinen,
Die frommen Lichter, Gottes Schatten schwebte
Hoch über uns, und alles Leben lebte
Nur in der höchsten Gegenwart des Einen.

Da, mitten in dem feierlichen Bau,
Wen sah ich stumm an hoher Säule lehnen?
Ich sah nicht mehr des Münsters ew'ges Grau,

Ich sah schon aller Himmel tiefstes Blau
Und blüh'nde Gärten endlos weit sich dehnen,
Und in den Gärten dich, die schönste Frau.

# An Christine Hebbel.

Als dir der Tod den edlen Gatten
Mit hochgezücktem Jägerspieß
– Gleich Hagen in des Waldes Schatten –
Am Born des Lebens niederstieß,

Da mußtest du ein Leid ertragen.
Unendlich wie des Lebens Reich;
Da durftest du den Schöpfer fragen:
Wo ist ein Weh, dem meinen gleich?

Und doch, bei Gott! all deine Schmerzen,
O Frau, du trägst sie nicht allein,
Er ward geraubt auch unserm Herzen,
Ja: er war unser und ist dein!

Und nun ist Jahr auf Jahr entschwunden
Umsonst hat ihn der Neid benagt,
Die Zeit hat ihm den Kranz gewunden;
Du aber – hast genug geklagt!

Horch auf! wie seines Ruhmes Boten
Die Welt durchziehn, es kommt sein Tag;
Oh, mach' dein Herz nicht zu des Toten
Geheimnisvollem Sarkophag!

Er lebt! Du selbst mit heil'gem Beben
Empfindest's tief in sel'ger Lust,
Er lebt in deinem eignen Leben,
Er sprengt sein Grab in deiner Brust.

Heil dir! denn das ist Himmelsmahnung,
In deines Herzens Heiligtum
Verspürst du seines Daseins Ahnung,
Der Tote spricht – und du bist stumm!

## Grillparzers Geist.

Ja, du bist tot! O bittre Schicksalslaune!
Ein großes, reiches Leben lang verkannt,
Lebendig – ein Verschollener genannt,
Begraben unterm Sturmstoß der Posaune.

Ich schäme mich, mein Vaterland, und staune.
Daß du den besten Denker hast verbannt,
Bis er zum Greis ward, undankübermannt,
Ich schäme mich, mein Vaterland, und staune.

Zu spät hast du den Lorbeerkranz gereicht
Dem achtzigjähr'gen Haupte, weißgebleicht,
Er ist des Meisters Totenkranz geworden.

Zu späte Ehre kränkt und kann ermorden;
Oh, dreimal weh dem Land, von dem es heißt:
Es haßt die Größe und verdirbt den Geist.

## Hans Makart.

Kindergestalten
Und doch keine Kinder,
Ueppige Weiber,
Selige Sünder;
Urnen von Marmor,
Erz und Gestein,
Blaßrote Rosen
Bleichsüchtig drein;
Teppiche, purpurn
Mit leuchtenden Falten,
Faune, die zitternde
Nymphen halten,
Götter des Himmels,
Der Erde, der See,
Lichter und Flammen
Aus Glut und Schnee,
Hülle und Fülle,
Unendliches Gaukeln,
Gondeln, die trunken
Im Meere sich schaukeln;
Fröhliche Geister
In Wald und Flur,
Ewige Wahrheit
Und Unnatur;
Tollhaus der Schönheit,
Gestalten und Lichter – –
Das ist Hans Makart,
Der malende Dichter.
Heil ihm! was er auch sonst verbrach,
Schönres malt ihm kein zweiter nach.

## Das Grab von Schönbrunn.

Der Tag ist hold, der Tag ist schön,
Und würzig weht die Luft,
Es spielt um Wald und Bergeshöh'n
Ein zaubervoller Duft.

Der fernen Stadt gedämpfter Schall
Klingt wie ein Rauschen kaum,
Ich hör' das Lied der Nachtigall
Hoch über mir im Baum.

Dort liegt im Sonnenglanz das Schloß,
Des Kaisers altes Haus,
Durch seine Pforten geht der Troß
Der Menschen ein und aus.

Und lachend, schwatzend zieht vorbei
Das Volk des Augenblicks,
Als ob ein ew'ger Sonntag sei,
Ein ew'ger Tag des Glücks.

Du ahnungsloses Volk der Welt,
Horch' auf! ich tu' dir kund.
Was mir die Nachtigall erzählt
Mit ihrem süßen Mund:

Vernichtet war das Vaterland,
Zu Tod verwundet schwer,
Auf unsrer schönen Erde stand
Napoleon, der Herr.

Er saß im Prunksal von Schönbrunn,
Er trank des Kaisers Wein,
Was keiner tat, das will er tun,
Weltkönig will er sein.

Er hört kein Drohn, er hört kein Flehn,
Er schreitet zum Balkon,
Die Kriegesheerschau anzusehn
Bei dumpfer Trommel Ton.

Er steigt hernieder in den Sand
In heißer Sonne Glut,
Drückt manchem tapfern Gast die Hand,
Greift grüßend an den Hut.

Stumpfsinnig steht das Volk umher
Und weidet sich und gafft,
Als ob es nicht geschändet wär'
Durch seiner Feinde Kraft.

Es fühlt nicht Elend, fühlt nicht Spott,
Drängt vor und drängt zurück;
Sein Bändiger ist ihm ein Gott,
Es betet an sein Glück.

Er aber, der so ruhig dort
Das Kriegsvolk musternd steht,
Er ahnt nicht, daß der blut'ge Mord
In Kreise um ihn geht.

Er ahnt nicht, daß ein Auge blickt
Nach ihm voll Haß und Schmerz,
Er ahnt nicht, daß ein Dolch sich zückt.
Geschliffen für sein Herz.

Er ahnt nicht, daß ein zornig Blut
In Jünglingsadern rollt,
Daß unter Bettlern freier Mut,
Empörte Mannheit grollt.

Er ahnt es nicht, weil er's nicht glaubt
In herzlos kalter Ruh', –
Da tritt mit wildumlockten Haupt
Ein Schwärmer auf ihn zu.

Der schlägt den Mantel weit zurück,
Hebt drohend Dolch und Hand
Und ruft: »Geh hin in deinem Glück,
Todfeind von Volk und Land!

Ja, stirb!« – Da wirft der Schergen Troß,
Bevor er's noch vollbringt,
Auf ihn sich, macht ihn waffenlos,
Er kämpft umsonst und ringt.

Man schleppt ihn zu der Wache fort,
Er zeigt nicht Furcht noch Reu',
Er sitzt gefesselt, spricht kein Wort,
Wie ein gefangner Leu.

Der Kaiser selber kommt zu ihm:
»Gib Antwort! Bist du krank?«
Er aber wendet sich voll Grimm,
Schenkt weder Gruß noch Dank.

»Bereu'! ich lass' dich leben. Mann,
Willst du mir danken nun?«
»Hätt' ich es heute nicht getan,
Ich würd' es morgen tun.«

»Denkst du an deinen Vater nicht.
An deine Mutter, Sohn?«
»Ich denke an das Weltgericht;
Steigt Ihr herab vom Thron.

Werft Eure Krone in den Sand,
Das Zepter und das Schwert,
Gebt frei mein armes Vaterland!
Denn Ihr seid todeswert.

Vollzieht an mir, was Euch gefällt.
Werft mich in ew'ge Haft!
Noch hat kein Großer dieser Welt
Gefrevelt ungestraft.«

»Es wird dich reu'n, was du gesagt.«
»Nein! Wahrheit ist mir Lust.
Ihr tötet alles, gut! so jagt
Das Blei in meine Brust!

Ich will hinaus zum Tode gehn
Mit heiterm Jünglingsmut,
Es wird ein Rächer auferstehn
Aus meinem armen Blut.«

Der Kaiser horcht, der Kaiser sinnt,
Spricht dann das letzte Wort:
»So stirb! du hast den Tod verdient«
Und wandelt schweigend fort.

Es war ein goldner Sonnentag,
Und lieblich war die Luft,
Auf Wäldern und auf Feldern lag
Ein wehmutvoller Duft.

Der fernen Stadt verlorner Schall
Klang wie ein Rauschen kaum,
Es sang wohl auch die Nachtigall
Ihr Lied auf diesem Baum.

Zwölf Grenadiere traten an,
Und vor dem Baume frei
Stand furchtlos der verlorne Mann,
Ihn traf das Todesblei.

Und seitwärts höhlten sie ein Grab
Am Fuß der Eiche auf
Und senkten seinen Leib hinab
Und warfen Erde drauf. – –

Das Volk, das zog vieltausendmal
Den Garten auf und ab.
Es hörte nicht die Nachtigall,
Es wußte nichts vom Grab.

Es ging am Baume unbewußt
Vorbei mit leichtem Schritt,
Nicht ahnend, daß es auf die Brust
Des edlen Rächers tritt.

Ich aber gab dir heute kund.
Leichtblütig Volk der Welt,
Was mir mit ihrem süßen Mund
Die Nachtigall erzählt.

## Makarts Tod.

So bist du dahin,
Du blühendes Leben?
Du Schaffen und Streben,
So bist du dahin?
So bist du tot,
Du Morgenrot?

Ist kalt deine Hand,
Die so kühn verstand
Des Daseins Gestalten
Festzuhalten?

Auf ewig dahin
Der muntere Sinn,
Die Seele entschwunden,
Die ungebunden
Mit Jünglingsflügelschlag
Genoß den Tag?

Du hast des Lebens Grau in Grau
Verwandelt zu der goldnen Au,
Hast uns des Himmels Glanz erschlossen
Und bist nun selbst in Nacht gestoßen;
Des Todes Schatten hüllt dich ein,
Mußt selbst in ew'gem Dunkel sein.
Oh, sei dir in des Grabes Frieden
Ein ew'ger Feuertraum beschieden!

# Betti Paoli

(zum siebenzigsten Geburtstage).

> Du standst im Morgensonnenschein,
> Dein Gärtlein lag in Duft und Schimmer;
> Du schaust ins Abendrot hinein.
> Und deine Blumen blühn noch immer.

## Josefine.

Wenn meines Lebens treue Lichtgestalten
Im Traume oft durch meine Seele gehn,
Wenn gute Geister Einkehr bei mir halten,
Dann seh' ich dich als meinen Cherub stehn.

So freut sich wohl der Wandrer in der Wüste,
Wenn er das Flüstern eines Quells vernimmt,
So jauchzt empor der Schiffer nach der Küste,
Wenn er das steile Rettungsriff erklimmt.

So jubelt der Verbannte, wenn er wieder
Betreten darf der Heimaterde Grund,
Er sinkt von Lust und Weh erschüttert nieder,
Es spricht sein Herz, doch wortlos ist sein Mund.

Du guter Geist, was könnt' ich je dir geben?
Das Schicksal stieß mich lieblos rauh zurück,
Du aber gabst mir neue Kraft zu leben
Und Hoffnungsmut und Schaffenstrotz und Glück.

Betaut sind meines Lebens dürre Halme,
Ein zweiter Frühling blüht durch dich mir zu!
Du willst den Dank nicht? Oh, so nimm die Palme,
Und was ich schaffe – das erschaffst ja du!

# IV.
## Hermine Blum.

### Die Blume der Anmut.

Wer's Kräutlein Schabab pflückt im Wald,
Mit Zaubersaft beschrieben,
Der hat auf jedes Herz Gewalt,
Und alles muß ihn lieben.

Das wirkt bei Tag, das wirkt bei Nacht,
Das wirkt zu allen Stunden,
Ich hab' dich heimlich in Verdacht,
Du hast das Kraut gefunden.

## Verständigung.

Ich war so einsam in der Welt,
Ein Gast aus fernen Landen,
Es fragte niemand, was mir fehlt'.
Hat niemand mich verstanden.

Nur deiner Augen stiller Blick
Und deines Herzens Pochen,
Die haben mir vom schönsten Glück
Ein leises Wort gesprochen.

## Glück.

Wird's plötzlich Frühling? Blühn aus Schnee und Eis
Die duft'gen Blumen? Rauscht der blaue Flieder?
Umbrausen mich des Waldes ew'ge Lieder?
Ich weiß es nicht, nur eins ist's, was ich weiß:

Kein Mensch auf dieser Erde großem Kreis,
Soweit die ew'ge Sonne schaut hernieder,
Ist glücklich so wie ich; ich seh' dich wieder,
Ich höre deine Stimme sanft und leis.

Und nun will ich auch nie mehr von dir gehn,
Will nie mehr einer andern Stimme lauschen,
Mich nie in einem andern Blick berauschen,

Als nur in deinem. Laß es doch geschehn!
Ich hab' zu tief, wie lieb du bist, empfunden:
Nicht ich hab' dich, – du hast mich überwunden!

## Ständchen.

Mein Lieb, du bist die Nachtigall,
Die nur in dunklen Nächten singt.
Mein Lieb, du bist ein Lerchenruf,
Der in den blauen Himmel dringt.

Mein Lieb, du bist der Rose Duft,
Der meine Sinne taumelnd küßt,
Du bist das Veilchen, das mich still
In deinem grünen Garten grüßt.

Mein Lieb, du bist der Sonnenschein,
Des ew'gen Himmels ew'ge Glut,
Die auf den höchsten Bergen brennt
Und in den tiefsten Tälern ruht.

Mein Lieb, du bist wie Gottes Hauch,
Der mir das Herz erfüllt mit Ruh', –
Was lieb und schön ist in der Welt,
Was lieb und schön ist, – das bist du!

## Neues Leben.

Der Frühling kommt, eine Braut ist die Welt,
Es duften und grünen die Matten,
Es jagen so lustig über das Feld
Die Wolken, wie wandelnde Schatten.

Der Frühling sendet schon für und für
Seine Blumen, die lieblichen Boten;
Ich komme vorbei an des Kirchhofs Tür:
Steht auf! oh, steht auf, all ihr Toten! –

Auf dem Berge dort hebt sich ein alter Baum,
Da ruh' ich im Schatten so gerne;
Es dämmert die Stadt wie ein steinerner Traum
Und grüßt herauf aus der Ferne.

Und es funkelt das Kreuz mit dem alten Turm,
Die Glocken, die klingen und läuten;
Durch die Zweige hoch fährt der Frühlingssturm,
Soll's ein Grüßen von dir bedeuten?

# Mein Friedensort

Das war die schönste meiner Stunden,
Als ich geführt von deiner Hand,
Dem lauten Lärm der Welt entschwunden.
Im Stübchen deiner Kindheit stand.

Kein böser Geist umschleicht die Schwelle,
Wo rein selbst die Gedanken sind;
Es wacht ob deiner Schlummerstelle
Die Muttergottes mit dem Kind.

Mir ist, als ob die Bilder grüßten
Hernieder lächelnd von der Wand;
Vor deiner Meister Lieblingsbüsten
Steh' ich verzaubert und gebannt.

Durchs Fenster schaut der Himmel sonnig.
Die Fichte rauscht vom Wind bewegt,
Und Blumen blühn und duften wonnig,
Von deiner lieben Hand gepflegt.

Du selbst, die schönste der Gestalten,
Schaust treu mich an, ich glaub' es kaum.
Und deine lieben Hände halten
Mich fest und fester, wie im Traum.

Ja, hier muß jedes Herzweh heilen!
Bei dir ist Wahrheit, Unschuld, Glück.
Oh, dürft' ich nie von hinnen eilen
Und nie mehr in die Welt zurück!

## Zukunft.

Hier unter diesen grünen Bäumen,
Hier ist's so einsam, hier ist Ruh'.
Laß mich von unsrer Zukunft träumen,
Geliebtes Herz, und hör' mir zu.

Ich kann dir nicht mit Worten sagen,
Wie froh, wie reich du mich gemacht.
Du Sonnenlicht in Maientagen,
Du Stern in blauer Sommernacht!

Ich weiß, so wird's nicht immer bleiben,
Der Frühling blüht nicht immerfort,
Der Herbstwind wird die Blätter treiben.
Es muß der Mensch von Ort zu Ort.

Das schönste Traumbild muß zerstieben,
Auch uns ergreift des Lebens Schmerz:
Ich aber will dich immer lieben,
Und du wirst treu sein, holdes Herz!

## Eins und alles.

So ist mein Herz, es will nicht leiden,
Daß du noch irgendwem gehörst,
So ist mein Herz, o hilf uns beiden,
Indem du diesen Wahn zerstörst.

Und wie du meinen Geist bezwungen.
So treib ihn, daß er auf sich schwingt,
Das wird von allen Huldigungen
Die höchste, die ein Mensch dir bringt.

# V.
## Gestalten.

## Der Spielmann auf dem Kahlenberg.

Oh, quält mich nicht mit Fragen,
Wo meine Heimat sei,
Ich kann es euch nicht sagen,
Ich bin ja vogelfrei.

Was weiß der Fink vom Baume,
Vom Strauch die Nachtigall?
Sie singen wie im Traume
Mit freudig süßem Schall.

Der Wind, der macht das Wetter,
Der Sturm, der hebt den Staub,
Der Strom entführt die Blätter –
Auch ich bin solch ein Laub.

Gar leicht ist meine Habe,
So wall' ich hin und her,
Ich bin ein freier Knabe,
Ein Spielmann trägt nicht schwer.

O Kahlenberg, wie gerne
Steh' ich auf deinen Höh'n
Und schau' in blaue Ferne
Und sing': Die Welt ist schön!

Mein Zepter ist die Fiedel,
Mir ist kein Herzog gleich,
Und alles liebt mein Liedel –
Gott grüß' dich, Oesterreich!

## Tropfen und Meer.

Es sinkt vom hohen Himmel
Ein Tropfen silbergrau;
Das ist der Lebensbringer,
Das ist der ew'ge Tau.
Er ist dem Meer entstiegen,
Wie Venus, in der Nacht,
Er schmückt die dunkle Erde,
Daß sie glänzt und funkelt und lacht.

Er schmückt die höchsten Berge,
Daß sie glühn im Morgenstrahl,
Er schmückt die kleinste Blume,
Daß sie duftet im tiefsten Tal.
Es rauschen die Quellen hernieder
Aus des Berges steinerner Brust,
Es rieseln die tausend Bäche,
Es wandeln die Ströme mit Lust.

Und an der Ströme Ufern
Da wohnt der Menschen Geschlecht,
Die leben in Arbeit und Sorge,
In Freude und Frieden und Recht.
Sie alle blicken verlangend
Empor zu des Himmels Blau,
Auf alle senkt sich hernieder
Der Lebensbringer, der Tau.

Der wandelt sich rieselnd zum Regen
In brennender Sommerszeit,
Er schenkt der darbenden Erde
Ihr schönes, grünes Kleid.
Er treibt das Gewässer der Mühle,
Er befruchtet den fruchtlosen Sand,
Er verwandelt die Heide zur Weide,
Er segnet das Ackerland.

Oh, seid auf eurer Hut!
Bald wird der Strom zerreißen
Sein ehernes Gewand,
Das Grundeis wird zerbersten,
Versinken wird das Land.

Und wo nur Menschen wohnen
Am einsamen Gestad',
In Dörfern und in Weilern,
In hochgetürmter Stadt,
Da faßt der Strom die Brücken,
Zerbricht sie Joch für Joch,
Schäumt über seine Ufer,
Kein Damm ist ihm zu hoch.

Nun weckt ein Schrei des Schreckens
Die Schläfer aus dem Schlaf:
»Das Wasser kommt! das Wasser!
Ihr Männer, rettet brav!«
Kein Fels und keine Klippe
Ruft halt! der zorn'gen Flut,
Was jüngst den Strom gebändigt,
Versinkt vor seiner Wut.

Hört ihr das wilde Treiben?
Es überheult der Sturm
Den Jammerruf der Menschen,
Den Glockenschlag vom Turm.
Nun ist's nicht mehr der Tropfen,
Der liebevoll erquickt,
Es ist ein – Meer geworden,
Das tötet und erstickt.

Dort kriecht aufs Dach der Hütte
Der Notgenossen Schwarm,
Hier sinkt ein Weib hinunter,
Ihr einzig' Kind im Arm.
Den einen trägt ans Ufer
Ein morsches, dürres Brett,

Dem andern wird zum Sarge
Sein eignes Schlummerbett.

Seht, bei dem Schein der Fackeln,
Der überm Wasser blinkt,
Taucht hoffnungslos ein bleiches
Antlitz empor und – sinkt.
Und durch das laute Toben
Der Brandung dringt ein Schrei
Und wird nicht mehr verstanden,
Und alles ist vorbei.

O Menschenherz! Nun kannst du
Erproben deine Kraft,
Im Augenblick des Todes
Verstummt die Leidenschaft.
Jetzt wirft sich treue Liebe
Für Liebe in den Tod,
Jetzt wird der Feind zum Freunde,
Jetzt wird der Mensch zum – Gott.

Und wieder strahlt die Sonne
Herab vom Himmelsblau,
Und auf den Gräbern funkelt
Der Lebensbringer, Tau.
Da singt ein Chor von Männern:
Ist auch das Herz uns schwer,
Es lebt die Menschenliebe,
Gewaltig, wie das Meer,

Und wenn die Sonne funkelt
Herab vom Himmelsblau,
So denkt nicht an die Wolke,
An Sturm und Nebelgrau.
Der Tropfen wird geboren,
Der Tropfen muß vergehn,
Die Menschen müssen sterben,
Die Menschheit wird bestehn.

## Das Märchen vom verlornen Tal.

Es war ein Kreis von muntern Gästen,
Wir saßen vor dem Sennerhaus
Und schlürften von des Weines Resten
Und schauten weit ins Land hinaus.

Da ward geschwatzt von seltnen Dingen,
Von Schätzen, die kein Mensch noch hob,
Ein jeder wollt' sein Scherflein bringen,
Und laut begann der Schönheit Lob.

Ein alter Bursch pries Rheinlands Reben,
Ein Fräulein schwärmte für Paris,
Ein Künstler ließ Italien leben –
So stritt man scharf für das, für dies.

Schon fing das Mondlicht an zu blitzen
Durch dunkle Zweige, mild und klar,
Da sah ich einen Jäger sitzen
Mit silberweißem Bart und Haar.

Ich rief:»Was hört man nicht den Alten,
Den Mann, der hundert Märchen weiß?«
Der schien nur stolz an sich zu halten,
Bis alles still war rings im Kreis.

Dann hob er's Haupt, begann zu sprechen;
Urkräftig klang ein jedes Wort,
Es klang als wie von Bergesbächen,
Wenn sie zur Tiefe rauschen fort.

»Euch mag der Rheinwein köstlich munden,
Schön ist die Welt wohl überall –
Das Schönste doch hab' ich gefunden,
Ich – ich war im verlornen Tal.« –

»Verlornes Tal?« so ging's im Kreise,
»Was ist das? alter Mann, erzählt!«
Der schien mit sich zu murmeln leise
Im Traum von einer andern Welt.

»Habt ihr noch nie von jenem Reigen
Gehört, der so bezaubernd klingt.
Daß alle Erdenstimmen schweigen.
Wenn er zum Menschenherzen dringt?

Ihr fühlt euch fort und fort gezogen,
Beseligt atmet eure Brust,
Ihr seid beglückt und seid betrogen.
Ihr folgt dem Zauber unbewußt.

Und also ward auch ich gefangen;
Den Weg verlor ich, Gott weiß wie!
Den ich schon tausendmal gegangen,
So weltfremd war's weitum noch nie.

So endlos war der Wald, der tiefe.
Und so verlockend süß der Schall,
Und immer war's, als ob's mich riefe:
Komm, Bursche, ins verlorne Tal!

Ich fühlte nichts von Dorn und Zweigen,
Ich hörte nur, es ruft, es ruft.
Aufjauchzend klang's wie Tanz und Geigen,
Da lag's vor mir in tiefster Kluft!

Das schönste Tal, rings eingeschlossen
Von Bergen, ewig überschneit,
Von Alpenpurpurglut umflossen,
Stolz, unberührt von Welt und Zeit.

So tiefblau sah ich nie den Himmel;
Ich stieg hinunter wie im Traum,
Und mischte froh mich ins Gewimmel
Der Burschen unterm Lindenbaum.

So seltsam sah ich nie noch Trachten
Von Mann und Weib wo anderwärts,
Und wenn die schönsten Dirnen lachten,
Es ging mir wie ein Stich durchs Herz.

Es war ein Schauder, der mich packte:
Weiß Gott, was das für Menschen sind!
Auch fiel mir ein, die Muhme sagte:
Gib acht, du bist ein Sonntagskind!

Ein Bub, am Tag des Herrn geboren,
Wird leicht von einem Alp betört.
Geht leicht im dunkeln Wald verloren
Und hört, was nie ein andrer hört.

Mein klopfend Herz ward mir zu enge;
Da sah ich stehn ein schönes Kind,
Ich grüßte sie und ins Gedränge
Zog ich zum Tanze sie geschwind.

Das war ein Glühn, das war ein Beben!
Wir sagten leis uns du und ich! –
Das war ein neugebornes Leben
Bis zu dem letzten Geigenstrich!

Noch hatt' ich nie mein Herz verloren
Mit solcher Lust, mit solcher Qual,
Noch hatt' ich keiner Dirn' geschworen
So Süßes, wie der Dirn' vom Tal!

Und sanft entzog ich sie dem Treiben
Und rief: ›Kind, mir gefällt's bei euch!
Wo wohnst du? Laß mich bei dir bleiben‹ –
Da ward sie plötzlich totenbleich.

›Leb' wohl! Geh fort, es will schon dunkeln,
Kalt durch die Zweige streicht der Wind,
Komm wieder, eh' die Sterne funkeln,
Doch schweig vor jedem Menschenkind!

Wenn du mich liebst, geh heim zur Muhme,
Hier ist nicht gut sein in der Nacht‹
Sie gab mir eine rote Blume
Und hat geweint und hat gelacht.

Ich küßte sie auf Mund und Wangen
Und rief: ›Leb' wohl! Auf Wiedersehn!‹
Ich grüßte sie und bin gegangen –
Sie aber blieb noch lange stehn.

Ich winkte hoch herab vom Berge,
Dann zog ich Schlucht und Wald hinaus
So rasch, als folgte mir ein Scherge,
Schlich heimlich in der Muhme Haus.

Die aber wachte noch voll Kummer
– Das hatt' ich leider nicht bedacht –
Die gönnte sich nicht Ruh' noch Schlummer:
Mein Kind, wo weilst du in der Nacht?

Bald tret' ich an die große Reise
Zum Vater und zur Mutter dein;
Ich pflegte dich, du arme Waise,
Bis heute bliebst du fromm und rein.‹ –

›Auch heute bin ich's, gute Muhme,
Und bleiben werd' ich's überall!‹ –
Und selig zeigt' ich ihr die Blume
Des Mädchens vom verlornen Tal.

Und nun erzählt' ich ohne Ende
Was ich gesehn, gehofft, geglaubt.
Sie legte zitternd ihre Hände
Mir schwer und schweigend auf das Haupt.

Die Muhme starb. Ich schied vom Grabe
Und träumend schritt ich durch den Wald,
Wenn ich auch nichts auf Erden habe.
Mein liebes Liebchen find' ich bald! –

Ich bin gewandert manche Stunde,
Ich bin gewandert manchen Tag,
Kein Hirt, kein Jäger gab mir Kunde,
Wo meines Liebchens Heimat lag.

Der Sonne Licht, der Sterne Flammen,
Sie führten mich wohl kreuz und quer,
Und hoffnungslos brach ich zusammen,
Mein Liebchen sah ich nimmermehr.

Und seht, so bin ich alt geworden,
Auf meinem Scheitel liegt der Schnee,
Doch täglich, wenn die Berge dorten
Im Spätrot glühn, erwacht mein Weh.

Bald kehr' ich heim zur alten Muhme
Beim Alpenglühn der Ewigkeit,
Auf meiner Brust die rote Blume –
Oh, dann ist's Wiedersehenszeit!

Dann wird vom Aug' der Schleier sinken,
Jung werd' ich sein, wie dazumal;
Dann wird sie mir zur Linde winken,
Dann bleib' ich im verlornen Tal!« –

## Franz Schubert.

Stimmet an die frohen Weisen,
Brausend mit des Jubels Klang!
Schuberts Lied soll Schubert preisen
Mit unsterblichem Gesang.

Mancher Sänger hat gesungen
Von des Lebens Lust und Schmerz,
Keiner hat so hold bezwungen,
So bezaubernd unser Herz.

Ob sein Lied auf Lerchenschwingen
Sonnenhaft entstieg dem Tal,
Ob er's nächtlich ließ erklingen
Klagend wie die Nachtigall:

Immer war sein Herz erhaben,
Nur dem Höchsten zugekehrt;
Nach des Glücks gemeinen Gaben
Hat er selbstlos nie begehrt.

Arm und dürftig war sein Leben,
Ach, ihm war so viel versagt,
Stolz, mit leisem Herzensbeben
Hat er's nur im Lied geklagt.

Oft in seines Stübchens Raume
Saß die Sorge stumm und bleich,
Doch in seinem Künstlertraume
Schuf er sich ein Königreich.

Ungestört vom Lärm der Menge,
In verborgner Einsamkeit
Fing er seine Göttergänge,
Fern vom Götzendienst der Zeit.

Tief ins Dunkel eingesponnen,
Unberührt von Haß und Gunst,
Trank er an des Lebens Bronnen,
Aus dem ew'gen Quell der Kunst.

Und der Quell begann zu rauschen,
Lieder klangen aus dem Schwall,
Und sein Herz begann zu lauschen
Auf den eignen Widerhall.

Heidenröslein hört' er flüstern
Und den Wandrer sieht er gehn.
Sieht am Weidenbusch, dem düstern,
Erlenkönigs Töchter stehn.

Gretchen, wie ein Bild der Gnade,
Spinnt und singt: »Mein Ruh' ist hin!«
Und auf grünem Waldespfade
Kommt die schöne Müllerin.

Mignon sehnt sich nach der Ferne.
Nach des Südens Zauberland,
Und der Harfner grüßt die Sterne,
Ossians Schatten schwebt am Strand. –

Ueberm Wasser tönt der Geister
Sturmgesang und Schicksalsgruß;
Sei lebendig, ruft der Meister,
Gruppe aus dem Tartarus!

Auf des Ständchens holden Reigen
Horcht die Liebe selig stumm,
Aus des Lindenbaumes Zweigen
Klingt's wie aus Elysium.

Eine schwermutvolle Weise
Spielt der Meister, ernst und bang,
Rüstet sich zur Winterreise,
Zu des Lebens letztem Gang.

Spielt und scheidet. Und die Ahnung,
Daß ein großer Meister schied,
Bebt durch jedes Herz als Mahnung
Bei dem Klang von seinem Lied.

Stimmet an die hohen Weisen
Brausend mit des Jubels Klang!
Schuberts Lied soll Schubert preisen
Mit unsterblichem Gesang.

# Lessings Geist.

(Zur Einleitung und Verbindung lebender Bilder vorgetragen am 15. Februar 1881 im Landestheater zu Linz a. d. Donau.)

So arm ist kein Geschlecht, daß es bescheiden
Dem Genius ein Lorbeerblatt nicht schenkt,
So stumpf kein Volk für Taten und für Leiden,
Daß es der eignen Größe nicht gedenkt.

O deutsches Volk, du herrlichstes von allen,
Jahrtausend alt – und dennoch ewig jung,
Aus unsrer Seele soll dein Lob erschallen,
Du heil'ge Quelle der Begeisterung!

Und Pflicht sei's uns in diesen schweren Tagen,
Des edlen Bluts der Ahnen wert zu sein
Und Stein auf Stein zum Bau herbeizutragen,
Der mehr bedeutet, als der Dom am Rhein.

Es ist kein Bau aus Quadern und aus Erzen
– (Der Stein verwittert und das Erz erbebt) –
Es ist ein Bau aus Millionen Herzen,
Der – wenn auch ein Jahrtausend stirbt – noch lebt.

Und das bedenkend, feiern wir den Guten,
Der unsern größten Geistern brach die Bahn,
Wir feiern ihn mit der Begeistrung Gluten,
Lessing, den Dichter und den edlen Mann.

Vor hundert Jahren! Faßt euch nicht ein Schauer?
Liegt in dem kleinen Wort nicht eine Welt?
Oh, wieviel Hoffnung, Täuschung, Schuld und Trauer
Durchwandelte der Erde weites Feld!

Des Geistes und des Leibes mächt'ge Waffen
Empörten sich und wurden müd gestreckt,

Deutschland verschwand und wurde neu erschaffen.
Und jetzt erst ist uns Lessing ganz erweckt.

Fern sei von mir, daß ich, ein müß'ger Richter,
Ausschöpfen wollte seinen alten Ruhm,
Auf dieser Bühne lebt ja nur der Dichter,
Der Mensch ist aller Menschheit Eigentum.

So steigt denn auf, ihr lächelnden Gestalten,
Ihr schönen Kinder seiner heitern Kunst!
Oh, laßt euch hold wie Traumesbilder halten,
Verschwindet nicht zu schnell in Nacht und Dunst.

Zeig', Tellheim, dich, vom schnöden Glück verlassen;
Ob deinem Wort die Welt mit Undank lohnt,
Dein braves Herz versucht umsonst zu hassen, –
O glücklich Herz, in dem die Liebe wohnt!

Minna von Barnhelm, der du willst entsagen,
– Denn edle Größe schätzt sich selbst gering –
In Liebesfesseln hat sie dich geschlagen
Und gibt dir lächelnd der Verlobung Ring.

Emilia Galotti, teurer Schatten,
Du klammerst dich an deines Vaters Arm,
Der freche Mord erschlug dir deinen Gatten,
Du bist so schön, so jung, – dein Blut ist warm.

Gewalt hielt dich im Fürstenschloß gefangen,
Und keine Macht befreit' dich aus der Not,
Das Abendrot der Unschuld auf den Wangen
Erflehst vom eignen Vater du den Tod.

O düstres Bild des Jammers und der Schmerzen!
So blickte einst Virginius starr und blind,
Den Dolch begrabend in Virginias Herzen –
Und so heilt Odoardo auch sein Kind.

Nun sollt ihr noch den edlen Greis erblicken,
Nathan den Weisen, jenen Menschenfreund,
Der nimmer müd wird, andre zu beglücken,
Seht ihn, wie er vor Saladin erscheint!

»Unduldsam ist die Welt seit alten Tagen,
Ob Muselmann, ob Jude oder Christ,«
– Spricht Saladin – »kannst du mir, Nathan, sagen.
Wer in der Welt des rechten Glaubens ist?«

Da sinnt der Greis, lang will's ihm nicht gelingen,
Doch endlich spricht er: »Wenn du mir's erlaubst,
Erzähl' ich dir ein Märchen von drei Ringen,
Vielleicht, daß du an dieses Märchen glaubst.

Ein Vater hatte einst von lieben Händen
Empfangen einen Ring von seltner Kraft,
Der konnte mit geheimem Zauber wenden
Von seinen Trägern Schuld und Leidenschaft.

Er konnte den, an dessen Hand er funkelt',
Verwandeln in ein gottgeliebtes Kind,
Dem sünd'ger Haß die Seele nie verdunkelt –
Da rief der Tod den Vater heim geschwind.

Drei Söhne hat der Greis, die sollten erben,
Doch jeden hat der Alte treu geliebt
Und jedem auch verspricht er noch im Sterben,
Daß er nur ihm allein das Kleinod gibt.

Längst hat der Greis, den künft'gen Hader ahnend,
Den Ring ersetzt durch weise Goldschmiedskunst,
Und alle drei zu gleicher Lieb' ermahnend
Stirbt er, und jeder glaubt an seine Gunst.

Doch, wie sich nun der Ringe Kraft soll zeigen
Und jeder stolz von seinem Kleinod spricht,
Da ist wohl jedem Haß und Hochmut eigen,
Doch Gottes und der Menschen Liebe nicht.

Ein strenger Richter, dem sie sich vertrauen,
Der urteilt: ›Euer Kleinod ist gering!
Laßt Gott und Welt euch in die Seele schauen
Ein guter Mensch hat auch den echten Ring!‹«

Was ihr gesehn, behaltet treu im Herzen
Und hütet fromm, was Lessing euch vertraut,
Nur dann wird ja, und wär's auch unter Schmerzen,
Der Dom des deutschen Geistes auserbaut!

Du großer Meister, den wir liebend feiern,
Der uns befreit hat von des Irrtums Nacht,
Vergönn' uns, daß wir fromm dein Bild entschleiern,
Sei uns lebendig, neu vom Tod erwacht!

Du bist lebendig, – ob auch ein Jahrhundert
Dahinschritt langsam über deine Gruft,
Dein Auge nur blickt traurig und verwundert,
Daß immer noch dein Volk so schmerzlich ruft.

»Wann wird es Licht?« so scheint dein Blick zu fragen,
»Noch dämmert's rings von Nebeln weit und breit.«
O Lessing! Lessing! einmal wird's doch tagen!
Wir denken dran und rüsten uns zum Streit.

In deinem Geiste werden wir erstarken,
Dann wird das Grau der alten Nacht vergehn,
Dann wird das Volk der schönsten deutschen Marken
Im Zauberlicht der Geistesfreiheit stehn.

# Dem Reichskanzler Fürsten Bismarck.

**(Nach der Polenrede im preußischen Abgeordnetenhause, 1886.)**

Erhabner Meister, du hast recht!
Du hast zu allen Stunden
Für dein germanisches Geschlecht
Ein warnend Wort gefunden.

Du bist der treue Waffenschmied,
Der, eh' der Morgen dämmert,
Des Reiches Rüstung Glied für Glied
In seiner Werkstatt hämmert.

Der Einz'ge bist du, der nicht ruht,
Wenn Erd' und Himmel dunkelt,
Bis herrlich bei der Flammen Glut
Des Reiches Erzhelm funkelt.

Oh, hämmre bis zum letzten Schlag!
Dann schleudre fort den Hammer,
Steh auf und laß den lichten Tag
In deine Waffenkammer.

Von deiner Stirne wisch' den Schweiß;
Es wird dein Werk dich loben,
Wenn unter Schlägen hart und heiß
Das Erz sich muß erproben.

Trag selbst das Kleid, das du gemacht,
Helm, Panzer, Schild und Wehre,
So droht uns keine Hunnenschlacht,
Und dein ist Ruhm und Ehre!

# VI.
# Pro patria

## Fahnenspruch der Veteranen.

Heil dir, du schönes Siegeszeichen,
Geschmückt mit edler Blumen Zier!
Heil dir im Ehrenschmuck, dem reichen.
Du stolzes, freudiges Panier!

Nicht vor den Feind soll man dich tragen
Zum Schlachtfeld, blutig und bestaubt,
Als Bild des Friedens sollst du ragen
Hoch über aller Krieger Haupt.

Nicht alte Wunden, alte Schmerzen
Soll deiner Schönheit Bild erneu'n.
Erquicken sollst du tapfere Herzen
Und Greise jünglingsfroh erfreu'n.

Nur zu des Jahres höchsten Festen
Entfalte du der Schwingen Pracht,
Dann zeig' dich herrlich allen Gästen,
Du Bild der Treue und der Macht!

Laß aller Krieger Aug' sich weiden
An deinem Spiel in freier Luft –
Und will ein Bruder von uns scheiden,
So senk' dich sanft auf seine Gruft.

Geweiht sollst du ums Haupt uns schweben
Und stiften ewiger Einheit Band
Und segnen uns auf Tod und Leben
Für Gott und Fürst und Vaterland!

Aber endlos kommen die Wolken,
Die grauen Töchter der Luft,
Sie schweben um Berge und Wälder,
Ihr Führer, der Sturmwind ruft.
Es ist nicht mehr das liebliche Säuseln,
Das Veilchen und Rosen erweckt.
Es ist ein Aechzen und Stöhnen,
Das Erde und Himmel schreckt.

Das sind nicht mehr die silbernen Tropfen
Auf duftigem Laub und Klee,
Es schütteln aus frostigen Schleiern
Die Wolken Eis und Schnee.
Und wo nur Menschen wohnen
Am einsamen Gestad',
In Dörfern und in Weilern,
In wohlummauerter Stadt,

Da zieht kein Schiff durch die Wogen,
Der Strom ist still und starr,
Unwillig beugt er den Nacken
Als eisige Brücke dar.
Er liegt in kristallenen Banden,
Doch knirscht er in seiner Haft –
Oh, hütet euch! er schläft nur
Und träumt – von seiner Kraft.

Noch trägt er gewaltige Lasten
Auf seinem Riesenleib,
Er duldet der Menschenspiele
Mutwilligen Zeitvertreib.
Doch plötzlich kann er erwachen,
Erwärmt vom Sonnenblick,
Und seines Panzers Ringe
Abschütteln Stück für Stück.

Ihr träumt vielleicht im Schlummer
Und ahnt nicht, daß er's tut –
Ihr Menschen an den Ufern,

# Erblands Huldigung.

(Festprolog der Austria zur Feier des sechshundertjährigen Jubiläums des Hauses Habsburg in den österreichischen Erblanden, am 27. Dezember 1882 gesprochen im Landestheater zu Linz an der Donau.)

Seid mir gegrüßt in dieser heil'gen Stunde,
Die Gott gehört, dem Kaiser und dem Reich,
Willkommen! ruf' ich mit glücksel'gem Munde,
Wie eine Mutter tret' ich unter euch.

O meine Kinder, horcht und laßt euch sagen,
Was meine Seele wie ein Traum durchzieht;
Ein Königsmärchen ist's aus alten Tagen,
Ernst wie die Wahrheit, lieblich wie ein Lied.

Und es geschah vor sechsmalhundert Jahren,
Da blutete vor Haß und Weh die Welt,
Doch freudig kam der Mann des Heils gefahren,
Rudolf von Habsburg, unser teurer Held.

Verkünd' ich neu, was alte Lieder loben?
Sein Herz war rein, und stark war seine Hand,
Vom Schicksal auf den Kaiserthron erhoben,
Mit Sieg gekrönt betrat er unser Land.

O schönster Tag! da schlugen tausend Herzen,
Da ward es licht nach langer, dunkler Nacht,
Da schwieg der Kampf, da heilten blut'ge Schmerzen,
Und neu erblühte Oesterreichs alte Macht.

Nun war für uns ein freudiger Trost gefunden
Nach langem Leid um Babenbergs Geschlecht,
Das allzufrüh und glorreich uns entschwunden,
Rudolf von Habsburg schirmte unser Recht.

Nun schmückten wir mit Tannengrün die Häuser,
Der Herold blies, die Glocke klang vom Turm,

Und alles rief: »Erhalte Gott den Kaiser,
Er ist ein fester Fels in jedem Sturm!

Er ist ein Schwert, das wacht ob unsern Wegen,
Er schützt die Straße, er befreit den Strom,
Er trifft den Frevler mit gewaltigen Schlägen,
Er ist gerecht und weise, er ist fromm.« –

So jauchzten wir. Was wir begeistert riefen,
Das wälzte sich hinab am Donaustrand,
Das zog dahin durch aller Täler Tiefen,
Das stieg empor zum höchsten Alpenland.

Zu Augsburg aber in der Fürsten Kreise,
Da saß der Kaiser, gnädig rief er aus:
»Ich will, daß Oestreich nimmermehr verwaise.
In Ewigkeit erhalt' ich's meinem Haus!

Albrecht und Rudolf, meine tapfern Söhne,
– Grau ist mein Haupt, doch euer Arm ist stark –
Kommt, daß ich euch mit Oesterreich belehne,
Mit Steier, Krain, mit Görz, der wind'schen Mark.«

So sprach der Fürst und seine Söhne sanken
Aufs Knie vor ihm, von dem Panier berührt,
Dann sprach der Kaiser: »Laßt uns alle danken
Dem ew'gen Gott, der uns zum Heil geführt.«

So ist's geschehn. – Darf ich den Schleier heben?
Soll ich euch zeigen, was schon längst entschwand?
Uraltes Bild, steig auf zu neuem Leben!
Erfreue Oesterreichs Volk und Oesterreichs Land.!

So war für uns ein neues Glück gefunden,
In alle Fernen Habsburgs Ruhm erklang.
Jahrhundert auf Jahrhundert ist entschwunden,
Allmächtig ging die Zeit den großen Gang.

Altöstreich ließ den Ehrenschild nicht rosten,
Im Friedenstausch ward Land zu Land gesellt,
Zum stolzen Reich erwuchs die Mark im Osten,
Und Karl der Fünfte war der Herr der Welt.

Auch Prüfung kam und bittre Not der Zeiten,
Es loderte des Krieges Fackel heiß,
Der Perle gleich, um die die Besten streiten,
War Oesterreich der vielumworbne Preis.

Und eine Frau, die beste auf dem Throne,
Im Königskleid, ihr Knäblein auf dem Arm,
Im Glanz der Schönheit und im Stolz der Krone,
Trat vor uns hin, und jedes Herz schlug warm.

Maria Theresia, voll des Geistes Stärke,
Schuf neu das Reich und gab ihm Glück und Glanz,
Und Josefs, ihres großen Sohnes Werke
Umflicht der Menschheit schönster Ehrenkranz.

Und wieder sank hinunter ein Jahrhundert,
So wechselvoll an Tat und Lust und Leid,
Und tief bewegt und staunend und verwundert
Erkennen wir das Bild der eignen Zeit.

Auch sie ist groß! Denn aus gewaltigen Wehen
Ging sie hervor und trat ins goldne Licht,
Und manches gute Werk wird noch geschehen,
Es ist die Zeit der Wahrheit und der Pflicht.

Steig auf, o Bild, im Schmuck der grünen Reiser,
Weil wir zur Huldigung hier versammelt sind:
Es segne Gott Franz Josef, unsern Kaiser!
Heil diesem Lande, seinem Herzenskind!

# Erblandsgruß.

(Zur Vermählung des Kronprinzen von Oesterreich.)

Was funkelt die Maiensonne so freundlich in die Welt?
Was ruft so laut die Lerche und schwingt sich über das
Feld?
Warum steht Wald und Garten in bräutlichem Ge-
wand?
Beim reichen Gott im Himmel! – welche Freude zieht in
das Land?

Ist uns ein Sieg erfochten? Begann die goldne Zeit?
Ist alles Weh versunken und alles Herzeleid?
Blühn nur bei uns die Rosen, aus denen man Kränze
flicht?
Ist unser Glück ein Becher, der nimmermehr zerbricht?

Wohl blühn bei uns die Rosen, aus denen man Kränze
flicht,
Wohl blühn bei uns die Rosen, wenn auch ohne Dornen
nicht,
Wohl ist unser Glück ein Becher, zerbrechlich in Gottes
Hand,
Doch heute sind wir gesegnet, ein herzensfreudiges
Land!

Es ist von stiller Liebe ein heiliges Wunder geschehn,
Ein Fest von Glück und Eintracht darf Fürst und Volk
begehn,
Kein Aug' soll sein verdüstert und keine Wange bleich:
Es feiern die fröhliche Hochzeit Brabant und Oester-
reich.

Mir ist, als sollt' ich träumen von dem, was urlängst
war,
Es ist ein holdes Märchen schon alt vierhundert Jahr;

Da wuchs in Kaisers Landen ein ritterlicher Sproß,
Der junge Max geheißen, in mannlicher Tugend groß.

Er war ein kühner Jäger, geübt mit Aug' und Hand,
Von seinen Abenteuern erzählt die Martinswand;
Er war ein tapferer Streiter, erprobt in manchem
Strauß,
Für die alte deutsche Ehre schlug er den Kampf nicht
aus.

Es flatterten ihm die Locken ums Haupt wie wallendes
Gold,
Er blickte aus großen Augen treuherzig und auch hold;
Ohne Furcht und ohne Tadel, so trat er in die Welt,
Wie das Lied der Nibelungen von dem kühnen Sieg-
fried erzählt.

Auch damals gab's zu rechten, zu richten viel im Reich,
Auf Kaiser Friedrichs Stirne saß manche Sorge bleich;
Aus der geweihten Krone fiel klirrend mancher Stein,
Sie wurde frech geplündert und sollte doch so herrlich
sein.

Im Aufruhr war der Böhme, der Ungar lag vor Wien,
Da Hub Prinz Max sein Banner, ließ seine Getreuen
ziehn;
Er brach in ihre Rotten, er brach in ihre Reih'n
Die Perle des Reichs zu gewinnen, das deutsche Wien
zu befrei'n.

Da blickten aller Augen auf des Kaisers herrlichen
Sohn,
Hochmütige Fürsten beugten sich nieder vor dem
Thron;
Doch Max blieb schlicht und bescheiden, gedachte der
Größe kaum,
Zu Laxenburg im Garten, da saß er und sann wie im
Traum.

Da blühten wohl wilde Rosen im Garten zu jeder
Stund',
Er aber dachte im stillen an die Rose von Burgund,
Da wuchsen wohl Veilchen und Nelken und Blumen al-
lerhand,
Er aber träumte im Herzen von der Blume von Brabant.

Was ist das für eine Blume, an die er heimlich denkt?
Was ist das für eine Rose, der er sein Herz geschenkt?
Es ist Prinzessin Maria, Karl des Kühnen Kind,
Die herrscht in den Niederlanden, wo die mächtigen
Städte sind.

Die herrscht in den Niederlanden, wo jeder Bürger sie
kennt,
Zu Utrecht und Antwerpen, zu Brüssel und zu Gent.
Dort wimmelt's auf lärmenden Straßen zu Roß und
auch zu Fuß,
Die Meerflut dringt in die Gassen als tausendarmiger
Fluß.

Dort bläht das Schiff die Segel und steuert mit stolzer
Pracht,
Dort ist der Geist der Freiheit wie nirgendwo erwacht,
Und manches Kleinod schlummert dort in der Erde
Grund:
Drum preist man in allen Zungen die Ehre von Bur-
gund:

Es glänzt in der deutschen Krone ein seltener Opal,
Der funkelt in der Sonne mit zauberhaftem Strahl
Und weil er nie auf Erden noch seinesgleichen fand.
So gleicht er einer Waise, wird der Waisenstein ge-
nannt.

So herrlich war auch die Jungfrau, um die sich der
Streit erhob,
Es sangen gar viele Freier der edlen Maria Lob;
Manch Stolzer hat ihr gehuldigt im Reich und über

dem Rhein,
Sie aber wollte im Herzen die Braut des Habsburg sein.

Die Kammerherrn und die Räte, Hofmeisterinnen auch,
Die kamen da in Harnisch für den alten, guten Brauch;
Sie sprachen mit feurigen Zungen für Frankreichs
krankes Kind,
Es taten Gold und Silber manches Wunder wohl ge-
schwind.

Doch so sind Frauenherzen: es täuscht sie kein goldnes
Geschmeid',
Sie tragen treu die Liebe in Lust und auch in Leid;
Und wahrlich je höher die Schranken sich türmen vor
ihrem Blick,
Je höher ziehn die Gedanken und eilen zu ihrem Glück.
–

So ist's mit Max und Maria in alter Zeit geschehn,
Sie konnten sich nicht mehr trennen, sobald sie sich ge-
sehn;
Und wär' auch der Weg noch weiter von Laxenburg bis
Gent –
Sie hätten sich doch gefunden an aller Welten End'.

Was aber empfanden die Völker bei diesem Herzens-
bund?
Was erblühte aus der Hochzeit von Oesterreich und
Burgund?
War's nur eine Fürstenfeier, ein prächtiger Hochzeits-
tanz?
Gewann die alte Krone allein von diesem Glanz?

Wohl war's eine Fürstenfeier, ein prächtiger Hochzeits-
tanz!
Und auch die alte Krone gewann in ihrem Glanz,
Doch das, was mehr ist, als Kronen, hat uns Prinz Max
gezeigt,

Daß in der Brust des Fürsten das Menschenherz nicht
schweigt.

Und ist auch dieses Märchen schon alt vierhundert
Jahr,
In dieser heiligen Stunde, da wird es wieder wahr;
Denn fröhlich kommt aus dem Norden unsers Kaisers
mannlicher Sproß
Und bringt aus belgischen Landen sein liebliches Ehe-
genoß.

Es gilt uns als herrliches Zeichen in dieser ernsten Zeit,
Daß unser künftiger Kaiser nach seinem Herzen freit.
Denn wer seine ewigen Bande in solchem Geiste flicht,
Der liebt auch das Volk und die Lande und weiht sich
der Bürgerpflicht.

Wir haben mit Freude vernommen von der belgischen
Ehr' und Zucht;
Sei die Königstochter willkommen, die uns in Liebe
sucht!
Nun wollen wir Fröhliches hoffen nach Gottes weisem
Rat;
Der Baum verkündigt die Früchte, der Same verbürgt
die Saat.

Wohl werden die Völker euch schmeicheln auf eurer
bräutlichen Fahrt,
Wir aber wollen nicht heucheln, das ist nicht deutsche
Art.
Lang mögt ihr unter uns wohnen mit immer seligem
Mut!
Und auch auf den landfremden Thronen vergeßt nicht
das deutsche Blut!

Der Himmel mög' euch erhalten und gnädig beschir-
men vor Schmerz!
Wir bleiben eure Getreuen, wir sind des Reiches Herz.
Heil uns! wenn Fürst und Burger sich ganz in Liebe

gleich,
Wir bleiben im Herzen bei Habsburg und Habsburg
bleibt Oesterreich!

# Das Bild Kaiser Josefs.

(Gesprochen beim Festkommerse der Turner zur Feier der Enthül-
lung des Kaiser-Josef-Denkmals zu St. Pölten am 9. Mai 1886.)

Wir haben heut ein hohes Werk vollendet,
Das Bild der Bilder auferbaut in Erz;
Ein tausendfält'ger Jubel ward gespendet
Ihm, der uns alles, alles gab: sein Herz.

Es war ein Sturm von Bannern und von Kränzen,
Von Weihgesang und mächtig ernstem Laut,
Kein Aug' blieb trocken, manches sah ich glänzen.
Von heiliger Begeistrung schön betaut.

Ich sah vereint die Armen und die Reichen,
Ich sah verklärt manch trauriges Gesicht;
Die ros'gen Wangen sah ich und die bleichen
In Freude strahlend – Licht von seinem Licht!

Hehr wie ein Hymnus ging das Fest zu Ende,
Wie eine Brandung zog die Menge fort;
Und Gleichgesinnte drückten sich die Hände:
Das Erzbild aber schwieg, es sprach kein Wort.

Stumm blieb ich stehn. Und wie der laute Reigen
Von hinnen war, der letzte Schall verschwand,
Da fiel mir auf das Herz des Bildes Schweigen,
Es wurde mir, als ob ich es verstand.

Ich sah empor. Und wie von Ehrfurcht trunken,
Geschah es mir, daß ich zusammenbrach;
Auf die granitnen Stufen hingesunken,
Hab' ich gehört, was Kaiser Josef sprach.

Der Kaiser sprach: »Du, einer von den tausend,
Vernimm mein Wort und tu es allen kund:

Ich danke euch! Ihr rühmt mich fast zu brausend,
Zu viele Worte schenkt mir euer Mund.

Ich war ja nie ein Freund von Prunk und Kränzen,
Ich war ein ernster, stiller Mann der Pflicht,
Wer zu viel spricht, der spricht oft, um zu glänzen.
Oh, gebt mir Wahrheit! Worte gebt mir nicht!

Soll euer Beifall mir als Huldigung gelten.
Dann prüft euch selbst, seid schlicht von Herz und
Sinn;
Ich wollte lieber, daß mich Feinde schelten,
Als daß ich euch ein eitler Mantel bin.

Meint ihr es ehrlich, bin ich euer Kaiser,
Bin ich der Gott auf eures Herzens Grund,
Dann übt mein Beispiel, schmückt nicht bloß die Häu-
ser,
Tragt mich im Herzen, tragt mich nicht im Mund!

Mich und die Wahrheit oder Wort und Schein,
Das sag' dem Volk. Und was es dann erwähle,
Ihr habt mein Bild, doch wollt ihr meine Seele,
Dann müßt ihr wahrhaft josefinisch sein!

In meinem Geiste treu und neugeboren.
So will ich euch für mein unsterblich Reich;
Erst dann komm' ich herein zu euren Toren,
Dann lebt das Erz, dann bin ich unter euch!

# VII.
# Memento.

## Der letzte Gruß.

*(Nach Schuberts Allerseelen-Litanei.)*

Aus des Lebens holdem Reigen
Muß der Mensch hinuntersteigen
In der Erde dunkle Gruft,
Wenn ihn Gottes Stimme ruft;
Aus des Lebens holdem Reigen
Zu des Todes Nacht und Schweigen.
Sink hinab
In dein Grab!
Ewige Ruh'
Deck' dich zu!

Wenn ein Sänger geht zum Frieden
Dem der Ehre Kranz beschieden,
Bringt der treuen Brüder Schar
Fromm ein letztes Lied ihm dar;
Wenn ein Sänger geht zum Frieden,
Sei ihm heil'ger Sang beschieden.
Sink hinab
In dein Grab!
Ewige Ruh'
Deck' dich zu!

Du, bei dessen Klang die Herzen
Glühn in Freuden und in Schmerzen,
Der mit Zaubermund erhob
Gottes und der Menschheit Lob,
Du, der Liebling aller Herzen,
Bist entrückt dem Tal der Schmerzen.
Sink hinab
In dein Grab!

Ewige Ruh'
Deck' dich zu!

# Unser Gebet.

*(Gesprochen von der Schauspielerin Frl. Bartoscheck in einer Akademie zum Besten der Hinterbliebenen der Opfer des Ringtheater-Brandes.)*

Du hast, o Herr, in dieser Zeit
Uns schweres Leid getan.
Wir beten deine Herrlichkeit
Mit bittern Tränen an.
Wir neigen Uns im tiefsten Schmerz
Vor deinem Angesicht,
– Das ganze Volk ein jammernd Herz:
O Herr, verwirf uns nicht!

Unselig ist, was wir gesehn.
Oh, send' uns Trost herab!
Wir sahn das Liebste untergehn
Und stehn vor seinem Grab.
Oh, was ist alles Glück der Welt!
Ein Traum, der trugvoll winkt,
Ein Märchen, das ein Kind erzählt.
Ein Schatten, der versinkt.

Wie falsch ist eitler Hoffnung Schein,
Der rosige Kränze flicht, –
Entsetzlich bricht die Nacht herein
Und löscht das goldne Licht.
Der Ewige greift mit seiner Hand
Ins Feuer, daß es loht,
Der Funke wird zum zornigen Brand,
Das Leben wird zum Tod.

Da gilt kein Herr, da gilt kein Knecht,
Kein Alter und kein Brauch,
Da gilt kein Ruhm und kein Geschlecht –
Was lebt, stirbt hin wie Rauch. –
Oh, wär' doch unser Auge blind.
Den Jammer nicht zu sehn.

Wie Mann und Weib und Greis und Kind
Im Flammengrab vergehn!

Oh, wär' doch taub das bange Ohr,
Daß es den Schrei nicht hört,
Der laut zum Himmel hallt empor
Und Herz und Sinn betört. –
Es kämpft und ringt mit letzter Kraft:
Oh, rettet! helft! springt bei!
Gefesselt, in des Feuers Haft,
Wird Schmerz zur Raserei.

Durch grauenvolle Finsternis
Zuckt roter Flammenschein,
Hier Wut, die sich das Haupt zerstieß.
Dort hoffnungslose Pein.
Und immer dichter qualmt der Dampf,
Und heißer flammt die Glut,
Und immer toller tobt der Kampf, –
Bis er ohnmächtig ruht.

Oh, still! und wenden wir den Blick
Hinweg von soviel Schmerz!
Wen nicht erschüttert solch Geschick,
Der hat kein menschlich Herz.
Sie suchten ja ein Freudenfest
Und fanden bittern Tod,
Nun sind sie stumm, ein Aschenrest,
Vorbei ist Qual und Not.

Was sie erhofft, geliebt, erstrebt.
Still ruht's im Sargesschrein,
Doch was sie jammernd überlebt,
Wie mag's getröstet sein?
Wer gibt der Mutter nun ihr Kind?
Die Braut dem Bräutigam?
Oh, weh uns, daß wir Menschen sind,
Zu schwach für solchen Gram!

Nein! Heil uns, daß wir Menschen sind.
Empfindsam für den Schmerz,
Wir drücken das verwaiste Kind,
Die Mutter an das Herz.
Kein Feuer ist so glühend warm
Wie unsres Mitleids Glut.
Der Aermste ist noch nicht zu arm,

Er gibt von seinem Gut.
Zum schönsten Wettstreit ist erwacht
Der Menschheit guter Geist,
Der uns mit liebevoller Macht
Die Tränen trocknen heißt.
Nur Mut! ihr alle, die ihr weint.
Wir weinen ja mit euch,
Bis wieder Gottes Sonne scheint
In diesem Schmerzensreich.

# Das Lied des Elends.

Es führt mein Weg mich durch die Straßen
Bei grauer Nacht, bei Frost und Wind;
Da schleicht das Elend durch die Gassen,
Als Weib und Mann, als Greis und Kind.

Ein Meer des Lichts aus tausend Fenstern,
Ein Klang des Lebens hier und dort –
Sie aber wandeln gleich Gespenstern,
Sie wechseln weder Blick noch Wort.

Nur manchmal, wenn ein Strahl der Lichter
Den Zug der Traumgestalten streift,
Dann seh' ich schmerzliche Gesichter,
In Not verblüht, in Weh gereift.

Ich seh', wie dort ein Auge funkelt,
Heißhungrig nach der goldnen Pracht,
Wie hier eins weinend sich verdunkelt.
Hinstarrend in die leere Nacht.

Auch Worte hör' ich ausgesprochen,
Fluchworte, daß mein Herz mir bebt,
Die an das Tor des Himmels pochen,
Als wäre dort kein Gott, der lebt.

Und von der Menschenliebe Trauern,
Von Wehmut wird das Herz mir groß,
Es schüttelt mich ein fremdes Schauern,
Ich misch' mich in des Elends Troß.

Du armes Weib mit bleichen Wangen,
Was suchst du hier bei Nacht und Frost?
»Mein Mann ist in den Krieg gegangen,
Und tot ist meiner Kinder Trost!«

Und du, der wie ein Bettlerkönig
Mich anblickt mit dem Aug' der Not, –
»O Herr! ich bitt' Euch untertänig,
Gebt mir nicht Worte, gebt mir Brot!«

»Auch ich hab' brav und unverdrossen
Für Weib und Kind gesorgt, geschafft,
Man hat die Werkstatt uns geschlossen –
Jetzt komm' ich aus der langen Haft.

Glaubt mir, ich will nicht ehrlos lungern,
Dankt Gott, daß Ihr so glücklich seid!
O Herr, es denkt sich viel – beim Hungern,
Und bei der Schuld liegt auch das Leid!«

Da wandt' ich bebend mich zum Greise:
Wohin so spät noch, alter Mann?
Blödsinnig lächelnd sprach er leise:
»Wohin? Wohin? – So weit ich kann!

Herr! Meine Kinder sind gestorben,
Mein Gnadenbrot, es reicht nicht zu;
All, was ich liebte, ist verdorben –
Nur in der Erde find' ich Ruh'!«

Erschüttert von dem Bild der Schmerzen
Wandt' ich mich atemlos zum Kind:
Dir schau' ich durch das Aug' zum Herzen,
Sag' mir, wo deine Eltern sind.

Und mit dem Jammerblick, dem stummen,
Sah jetzt das Kind zu mir empor
Und reichte mir – erfrorne Blumen,
Selbst eine Seele, die erfror! – –

Laut heult der Sturmwind auf den Straßen,
Durch die der Zug des Elends zieht. –
Das ist ein Christfest in den Gassen,
Das ist des Elends ew'ges Lied.

# Die apokalyptischen Reiter

Erhitzt vom Schauspiel trat ich in die Nacht
Und sinnend schritt ich durchs Gewühl der Straßen,
Wo die Paläste der Zehntausend stehn,
Die Prasser sind, weil Millionen darben.

Vor meinen Augen tanzte noch der Spuk
Der schnöden Kunst, die Gauklerin geworden;
Und rasen hört' ich den vertierten Schwarm
Der feinen Welt und heisern Beifall wiehern.

Ich betete aus tiefster Brust: Mein Gott!
Erhalte mir dies Grausen, diesen Schauder,
Wodurch ich weiß, daß ich ein Mensch noch bin
Und kein geschminktes Tier und keine Larve!

Und weiter schritt ich, immerfort hinaus,
Es wurde kalt und einsam auf den Straßen;
Und Mensch um Mensch und Licht um Licht ver-
schwand,
Die Mitternacht erscholl von allen Türmen.

Den Mantel schlug ich schaudernd vors Gesicht,
Der Schneewind heulte, und der Boden knirschte,
Da sperrte mir mit einemmal den Weg
Ein häßlicher Gesell, der höhnisch grüßte.

Vertraulich nickend trat er dicht heran
Und sprach: Wohin in dieser kalten Stunde?
Suchst du dein Liebchen? spielst du, trinkst du,
Freund?
Du bist wohl auf dem Weg zu einer Dirne?

Laß frei die Bahn!! so rief ich, du Gespenst;
Kreuz' mir den Weg nicht, fort, du Galgenvogel!
Doch er verzog sein beinernes Gesicht
Und sah mich an mit sternenlosen Augen.

Ich schauderte bei diesem toten Blick,
Und mich durchlief's wie Nebelnachtgeriesel.
Topp! sei nicht schüchtern! rief der Nachtgesell
Und schlug mich auf die Schulter, daß sie schmerzte.

Wer bist denn du? rief ich zurück. Er schwieg.
Ein grinsend Lächeln flog durch seine Züge.
Da fiel mir ein: heut ist Silvesternacht,
Und was man da erschaut, das gibt zu denken.

Er hielt mich fest. Da sah ich, wie der Mond
Sich bergen wollte hinter düstern Wolken;
Ein Sturm erhob sich, eisig Laub flog auf,
Und wie zur Abwehr ächzten alle Bäume.

Schau' hin, es kommt! so flüsterte der Mann.
Und wie ich hinsah, ballte sich der Nebel,
Der wie ein Schleier überm Luftraum lag,
Und stieg empor und wurde zu Gestalten.

Und näher kam's – ein grauses Wolkenbild,
Wie Nebelrosse und wie Nebelreiter.
Die Mähnen flatternd, in den Nüstern Glut,
Und gleich dem Sturmwind will's an uns vorüber.

Wer ist der Erste? rief ich, sag' mir das!
Gebeugt und elend hängt er müd im Sattel.
Das ist *der Hunger,* rief das Nachtgespenst,
Der zehrt das Land auf, trinkt das Blut der Armen.

Wer ist der Zweite? rief ich tiefbewegt,
Er schwingt ein blitzend Schwert mit blut'gen Händen.
Das ist *der Krieg,* rief jubelnd das Gespenst,
Der schont euch nicht, der wird euch alle würgen.

Was ist das Dritte? fuhr ich schaudernd fort,
Es legt den Pfeil an den gespannten Bogen.
Das ist mein Schatz, *die Pest,* rief das Gespenst,
Ihr Pfeil ist giftig und ihr Ziel unfehlbar.

Noch nicht genug? Wer ist der Vierte dort?
Ein Beingeripp mit hochgeschwungner Sense.
Das ist *der Tod*, der mäht in Stadt und Land,
Rief das Gespenst, der mordet die Geschlechter.

Ich sank zu Boden, sinnlos und betäubt,
Ich weiß nicht mehr, wie lang ich lag am Boden.
Als ich erwachte, war es heller Tag,
Und auf die Stadt des Reichtums schien die Sonne.

# VIII.
# Epitaphien

## Zum Gedächtnis Richard Wagners

Steht auf, ihr ernsten Zecher
Im hohen Trauersaal
Und hebt mit mir den Becher,
Als wär's der heil'ge Gral.

Es kreisen Odins Raben
Wehklagend in der Luft:
Ein Held ist uns begraben,
Versenkt in Wahnfrieds Gruft.

Ein Sänger ist gestorben,
Gekrönt mit manchem Sieg,
Der stolzen Ruhm erworben
Im deutschen Wartburgkrieg.

Vom Eichbaum ist gesunken
Des Wipfels höchster Zweig,
So sei ihm denn getrunken
Der letzte Minneschweig.

Wir aber woll'n nicht klagen.
Sein Lied wird nie vergehn,
Er wird in ewigen Tagen
Hoch bei Allvadur stehn.

# Trauersalamander

**(Zum Gedächtnis des Reichsratsabgeordneten Dr. Hoffer.)**

Nun hat es Gott gefallen,
Daß einer von uns schied,
Der heilig bleibt uns allen,
Zu dem das Herz uns zieht.

Er war in ernsten Tagen
Der Alma mater Sohn,
Er hat sich brav geschlagen,
Die Ehre war sein Lohn.

Er trug der Freiheit Zeichen
Auf Stirn' und Angesicht,
Besaß das Mark der Eichen,
Die nie ein Sturm zerbricht.

Sein Glauben, Hoffen, Lieben
Hat ihm kein Hohn geraubt;
Sein Geist ist jung geblieben
Auch mit beschneitem Haupt.

Er war ein Fels, ein schroffer,
Im Meer der Leidenschaft,
Ein jünglingsfrischer Hoffer,
Ein Geist voll Licht und Kraft.

Daß du von uns gegangen,
Das ist der einz'ge Schmerz,
Den wir durch dich empfangen,
Du treues deutsches Herz.

Weih' uns nach deinem Sinne
Zum Frieden wie zum Streit!
Nun trinken wir die Minne:
*Fiducit* in Ewigkeit!

## Grabschrift der Tonkünstlerin Agnes Tyrrell

Was dir des Lebens kurzer Tag beschied,
Es atmet fort, es lebt in deinem Lied.
Du wandelst hoch wie ein entschwundner Stern
Und bist ein Ton im Lobgesang des Herrn.

# Mein Herzensgruß

Ich grüße dich aus weiter Ferne,
O Heimatland, du schönste Zier;
Ein Wandervogel wär' ich gerne,
Hinauszuziehn zu dir, zu dir!

Wie froh wird heut dein Himmel glänzen,
Wie wirst du grün im Brautschmuck stehn,
Wie wird's von bunten Blumenkränzen
Von deinen heitern Giebeln wehn.

Zum Himmel jauchzend wirst du singen,
– Ich weiß, du hast es oft getan –
Man wird dir tausend Grüße bringen,
O Heimat, nimm auch meinen an!

Gern möcht' ich wie in alten Zeiten
Durch deine Berge ab und auf,
Durch deine grünen Täler schreiten
Im Sturmesschritt, im Freudenlauf.

Ich kann es nicht – ich darf nicht kommen,
Wie glücklich du mich einst gemacht,
Du hast zu Liebes mir genommen,
Ich habe lang nicht mehr gelacht!

Heimat! solang ich leben werde,
Solang ich atme, bin ich dein;
Einst will ich ruhn in deiner Erde
Bei Vater, Mutter, Schwesterlein.

Du warst die Seligkeit des Knaben,
Du warst des Mannes Glück und Stern,
Du hast das Liebste mir begraben,
Ich segne dich – und bleibe fern.

## Auf das Grab meiner Eltern

O stille Gruft, gib uns die Toten wieder!
»Geduld, Geduld! bald steigst auch du hernieder.
Was unter Gottes Sonne lebt, vergeht;
Es fragt sich nur, o Sohn, wie früh – wie spät.«

# IX.
# Aus dem Sturmgesang der Zeit

## Die deutsche Muttersprache

Des Erdenlebens wechselnde Gestalten
Entstehn – vergehn; es altern Zeit und Ort.
Nur ich hab' ew'ge Jugend mir erhalten,
Des Geistes Tochter, das lebend'ge Wort.

Früh habt ihr meinen ersten Gruß empfangen
Als Mutterschrei herzinn'ger Lieb' und Lust,
Und heute noch erglühn euch Herz und Wangen,
Mein Widerklang lebt fort in eurer Brust.

Aus Vatermund habt ihr mich einst vernommen,
Als Segenssprüchlein unterm Weihnachtsbaum,
Als Märchenfee bin ich zu euch gekommen,
Die Wiege schaukelnd sang ich euch in Traum.

Ich bin das Lied, das in der Kindheit Tagen
Im Wald erklang, wie Rolands Zauberhorn,
Ich hab' die Sehnsucht euch ins Herz getragen,
Ich gab euch Gold aus deutscher Sage Born.

Durch mich allein habt ihr zuerst gefunden
Den Gruß der Freundschaft auf des Lebens Bahn,
Ich sprach zu euch in ewig schönen Stunden,
In meiner Schule wuchs das Kind zum Mann.

Mit meiner Zunge habt ihr fromm gesprochen:
– »Ich liebe dich, ich bin dir ewig treu!«
Und wenn ihr Lieb' und Treue habt gebrochen:
In meiner Sprache straft euch Zorn und Reu'.

Kein Röslein blüht im Garten eures Lebens,
Drauf nicht mein Mund den Weihekuß gedrückt,

Kein Ideal, kein Ziel des Menschenstrebens,
Die Muttersprache nennt's und hat's geschmückt.

Oh, seid gegrüßt, gegrüßt aus freud'gem Herzen,
Die ihr mich liebt und die ihr an mich glaubt!
Seht, ich bin keine Königin der Schmerzen,
Wie eine Sonne heb' ich hoch mein Haupt.

Wer ist so kühn, mir Ehrfurcht zu versagen?
Wer hemmt den Schritt mir zu der Kinder Schar?
Mein Ruhm wird um den Erdenkreis getragen,
Hier aber ist mein Haus und mein Altar.

Was Walter sang, was Goethe uns gesungen,
Des Lebens Glück, der zorn'gen Waffen Tanz,
Das Schicksalslied der stolzen Nibelungen –
Mein Herzblut ist's, mir flochten sie den Kranz.

Was ich erschuf, der Menschheit ist's beschieden,
An treuen Jüngern hat's mir nie gefehlt;
Ich bin die Kraft, die Freiheit und der Frieden,
In meiner Schule sitzt der Geist der Welt.

Das haltet fest! das ist die große Sache,
Der Menschheit Bildung lebt in meinem Wort.
Verleugnet nie die deutsche Muttersprache,
Dann ist sie euch ein Segen fort und fort.

# Sturmlied der Siebenbürger Sachsen.

(Wiener Deutsche Zeitung 1879.)

Du prächt'ges Wien am Donaustrand
Mit Sang und Klang und Geigen –
Du großes deutsches Vaterland,
Hör' unsern Schmerzensreigen!
Es schwört der Magyar zu Pest:
»Das Sachsen- und das Schwabennest –
Was deutsch ist, soll verderben,
Das deutsche Wort soll sterben!«

Du Volk, das einst den Räuber schlug
Am Lech mit blut'gem Morden,
Daß er die Schande heimwärts trug
In aufgelösten Horden;
Du Volk, das ihm zum Friedenslohn
Den räud'gen Hund hinwarf mit Hohn,
Oh, laß in deinen Brüdern
Dich selbst nicht so erniedern!

Es blies uns ja kein Wind ins Land
Vor soviel hundert Jahren;
Ein König bot uns selbst die Hand,
So sind wir hergefahren.
Wir schafften uns ein Freiquartier
Im wilden Wald, beim wilden Tier,
Ein Volk von deutschen Bauern,
Wehrhaft in eignen Mauern!

Und mit der Freiheit wuchs die Macht,
Aus Bauern wurden Bürger,
Wetteifernd mit des Königs Pracht,
Des Feinds ergrimmte Würger.
Der Türk', der Szekler, der Walach,
Sie lernten uns zu eigner Schmach
Auf mancher Walstatt kennen –
Und ihre Wunden brennen.

Es starb das alte deutsche Reich,
Der Bund ist auch gestorben,
Wir standen treu zu Oesterreich
Und haben Ruhm erworben.
Der Kaiser selber sprach das Wort:
»Der Sachsen denk' ich immerfort!
Sie stehn zu mir in Treuen!
Es soll sie nicht gereuen!«

Und nun – o Gott! – ist's doch geschehn.
Daß wir von euch verlassen
Auf unserm Königsboden stehn
Vor Neidern, die uns hassen;
Und keine Seele denkt daran,
Was wir so treu am Reich getan.
Wir sind in Staub gestoßen
Von Bettlern hoch auf Rossen.

Zwar hat sie Gottes Zorn gemahnt –
Jüngst kam ein Sturm gesprungen,
Die zorn'ge Flut zerriß ihr Land,
Es ward ihr Volk verschlungen;
Ihr aber dort im weiten Reich,
Ihr seid dem Samariter gleich,
Ihr lohnt mit reichen Gaben –
Die uns das Grab hier graben.

Du prächtiges Wien am Donaustrand
Mit Sang und Klang und Geigen –
Du großes deutsches Vaterland,
Hör' unsern Jammerreigen!
Man raubt uns unsern letzten Hort,
Den deutschen Geist, das deutsche Wort,
Oh, laß in deiner Brüdern
Dich selbst nicht so erniedern!

# Gruß an Hermannstadt.

## (Zum Fest im jungen Walde.)

Sachsenvolk, du stolzes Eiland,
Laß den Sturm vorüberziehn,
Aus dir selber kommt der Heiland,
Deutscher Mut und tapfrer Sinn.

Am Erworbnen festzuhalten,
Nie zu wanken, fest zu stehn,
Junger Wald, o lern's vom alten
Und du wirst nicht untergehn!

# Unsern deutschen Brüdern.

(Festgruß der Deutschen Zeitung an die Teilnehmer des deutsch-österreichischen Parteitages in Wien.)

Schmücke dich, du holde Schöne,
Völkerwirtin, edles Wien,
Weil des Reiches beste Söhne
Heut in deine Hallen ziehn.
Nimm hinweg die Last der Schmerzen,
Die auf treuen Schultern ruht,
Grüße sie aus vollem Herzen,
Grüße sie, du deutsches Blut!

Seid willkommen, starke Männer,
Kämpfer in dem Kampf der Zeit,
Nimmer wankende Bekenner
Unsres Rechts in jedem Streit!
Laßt das Banner auf sich rollen,
Schwört und legt aufs Herz die Hand –
Daß wir deutsch verbleiben wollen
Weiß das ganze Osterland!

Gibt's ein Recht, das uns verbindet?
Gibt es einen heiligen Hort?
Einen Zauber, welcher zündet?
Ich weiß nur das eine Wort:
Was sind Völker! Was sind Namen!
Seid uns erst an Treue gleich,
Dann hält Oesterreich zusammen;
Ohne Treu' kein Oesterreich!

Seht die Dome, die ergrauten,
Seht die Städte rings im Land,
Seht der Burgen stolze Bauten
An dem grünen Donaustrand;
Tausend Werke, tausend Waffen,
Und wenn ihr den Meister preist,

Der das stolze Reich erschaffen –
Jauchzt – es ist der deutsche Geist!

Er allein hat überwunden,
Was an uns barbarisch war,
Und in unsern schönsten Stunden
Bringen wir ihm Opfer dar.
Walter von der Vogelweide
Hat uns deutschen Sang gelehrt,
Und das Schwert in unsrer Scheide
Ist ein Nibelungenschwert.

Unser Herzog sank getroffen,
Sterbend, von dem Ungarpfeil;
Und mit ihm sank unser Hoffen –
Doch in Habsburg ward uns Heil!
Kaiser Rudolf brach die Ketten,
Die der Böhme um uns wand,
Und der Reichsaar, uns zu retten.
Schwebte über unserm Land.

Und der Reichsaar mit der Krone
Schirmte Gau und Volk und Feld,
Und der Fürst auf unserm Throne
War der erste Fürst der Welt.
Falsche Raben krächzten heiser,
Doch es traf sie Acht und Bann,
Denn des Volkes größter Kaiser
War der beste deutsche Mann. –

Seid willkommen, deutsche Männer,
Kämpfer in dem Kampf der Zeit,
Nimmer wankende Bekenner
Unsers Rechts in jedem Streit!
Und wie einst das Schlachtlied brausend
Aus der Brust der Väter drang,
Soll das horchende Jahrtausend
Hören unsern Siegessang.

Schmücke dich, du holde Schöne,
Völkerwirtin, edles Wien!
Laß des Reiches beste Söhne
Froh in deine Hallen ziehn!
Laßt das Banner auf sich rollen.
Immer deutsch und treu zugleich,
Das ist's, was wir bleiben wollen,
Ohne uns – kein Oesterreich!

# Der akademischen Jugend in Wien.

Alt ist der Erde Bau,
Dunstgrau das Leben,
Ihr seid das Himmelsblau,
Hoffnung und Streben!

Ihr müßt die Brandung sein,
Stolz müßt ihr brausen,
Müßt um den alten Stein
Wie Stürme sausen.

Stürme sind weltgesund,
Ziehn frei zur Ferne,
Und aus dem Meeresgrund
Lachen die Sterne.

# Schiller in Oesterreich.

Erhaben ist der Menschheit Ruhmeshalle,
Es gibt kein Volk, das nicht ans Große glaubt,
Geheiligt sind die edlen Geister alle,
Doch jedes Volk verehrt sein Lieblingshaupt.

Wer leuchtet uns voran in diesen Tagen
Des Völkerzanks? Wer bringt uns Himmelsglanz?
Wer darf den Purpur unsrer Liebe tragen?
Auf wessen Haupt ruht ew'gen Ruhmes Glanz?

Es wäre Torheit, wollt' ich stammelnd nennen
Ihn, der die Welt bezwang mit seinem Geist,
Ihn, den wir gut wie unsern Herzschlag kennen, –
Verflucht die Zunge, die nicht Schillern preist! –

O Brüder, sagt, was soll er uns bedeuten,
Die wir entfernt vom Reich der Mutter stehn,
Die wir zwar noch auf deutscher Erde schreiten,
Doch nah vorbei an fremder Scholle gehn?

Was ist er uns, die wir die Sprache sprechen,
Die er geadelt, – Blut von seinem Blut –?
Man macht uns diesen Adel zum Verbrechen,
Und: ich bin deutsch! gesteht nur laut der Mut.

Es fehlt uns nicht an schmeichelnden Propheten,
Die uns verlocken, doch nicht blöd zu sein
Und abzuwerfen alter Sitte Ketten
Und aufzugehn im großen Weltverein.

Ein schönes Wort voll herrlicher Gedanken!
Doch ein Arkadien kehrt nicht mehr zurück.
All unsre Größe liegt in unsern Schranken,
Und deutsch zu sein bleibt unser höchstes Glück.

O teure Brüder! laßt den Mann uns preisen.
Der zwar die Welt in seinem Herzen trug,
Doch treu zu seinem Volk stand, treu wie Eisen
Zu einer Zeit, da man's daniederschlug.

Wir stehn noch aufrecht, es soll keiner fallen,
Wenn gut gekämpft wird, edle Brüderschar,
Heil Friedrich Schiller! soll die Losung schallen.
Wir bleiben Deutsche jetzt und immerdar.

# Es ist Zeit!

Kein Feuer flammt zum Himmel von den Bergen,
Kein Herold wird von Tal zu Tal gesandt.
Den Strom durcheilt kein Schiff, geführt von Fergen:
Und doch geht heil'ge Botschaft durch das Land.

Was uns vereint in Freuden und in Schmerzen,
Im Fürstenrock, wie in des Bauers Kleid,
Ein heil'ger Geist ist's, der in tausend Herzen
Allmächtig aufsteht, rufend: »Es ist Zeit!«

Ja, es ist Zeit, der höchsten Pflicht zu denken,
Der alten Pflicht, die uns im Herzen ruht.
Der großen Vorzeit Fahne nicht zu senken
Und treu zu sein dem angestammten Blut.

Ja, es ist Zeit, an unsre Brust zu klopfen,
Zu fragen uns, sind wir der Ahnen wert?
Bevor im Aug' der bittern Reue Tropfen,
Daß wir es nicht sind, uns zu spät belehrt.

Ja, es ist Zeit, ist höchste Zeit, zu prüfen.
Ob uns nicht schwand der Ehre alter Hort,
Ob wir den Tag des Lebens nicht verschliefen,
Ob denn noch lebt das alte deutsche Wort.

Weh uns! wenn wir gedankenlos uns schmücken
Mit einem Namen, dem kein Name gleicht,
Der uns erhöht vor aller Völker Blicken,
Durch dessen Kraft das Höchste wir erreicht.

Weh uns! wenn wir auf fremde Schultern laden
Die Pflicht, weil's uns an eigner Kraft gebricht.
Es gibt kein Volk, kein Glück von Gottes Gnaden,
Wer sich entmannt, den hört der Himmel nicht.

Beim großen Gott! Noch lebt ein stolzer Funken
Des alten Feuers tief in unsrer Brust;
Noch ist der Enkel nicht so tief gesunken,
Noch ist der Sohn der Mutter sich bewußt.

O deutsches Volk, du Volk in diesen Gauen,
Wer nicht mit Ehrfurcht deinen Namen nennt,
Der soll die Burgen, soll die Städte schauen,
Er ist ein Blinder, wenn er dich verkennt!

Wir kennen dich! Wir sind nicht abgefallen.
Wir halten treu zu deinem heiligen Wort;
Dem Donner gleich soll's durch die Berge schallen:
Es gibt ein Rütli auch an diesem Ort!

Der Ew'ge sprach: Wo zwei in meinem Namen
Vereinigt sind, da bin ich unter euch. –
So sagen wir: In unsers Bundes Rahmen
Ist unser Volk, ist unser ganzes Reich!

Ja, unser Reich, das nimmer zu den Toten
Hinuntersinkt, solang das Herz uns schlägt.
O deutsches Wort! wir senden dich als Boten,
Der unsern Schwur zu allen Brüdern tragt.

Geh hin, geh hin! Nach Norden und nach Süden,
Nach Ost und West, bei Sonn- und Mondenschein,
Zu Land, zu Wasser, – du sollst nie ermüden,
Wohin du kommst, du wirst willkommen sein.

Geh hin, geh hin! Vom Tal steig zu den Hügeln,
Fort sollst du wandeln ohne Ruh' und Rast,
Dem Sturmwind gleich, mit ungehemmten Flügeln
Schwing dich zur Hütte, schwing dich zum Palast!

Was du auch bringst, ob Freuden oder Schmerzen,
Du wirst verstanden, zündest fort und fort;
Ein einzig Herz sind alle deutschen Herzen:
So werde Tat, du starkes deutsches Wort!

# X.
# Heroldslieder.

## I.

Land, das mich geboren,
Heil'ge Erde mein.
Dir hab' ich geschworen:
Ewig bin ich dein!
Was kann's Größres geben,
Was ist schönrer Lohn,
Als für dich zu leben?
Land, ich bin dein Sohn!

Volk, das mich erzogen
Streng und wetterhart;
Volk, das nie gelogen,
Erbe deutscher Art,
Und ihr reinen Frauen,
Meiner Mutter gleich,
Mädchen, hold zu schauen,
Oh, wie lieb' ich euch!

Nicht von heut und gestern
Wohnen wir im Land,
Brüdern gleich und Schwestern
Gürtet uns ein Band;
Was die Kraft der Väter
Durch das Schwert geeint,
Das soll kein Verräter
Schenken an den Feind.

Grüß' euch Gott, ihr Lieben,
Rings am Donaustrand,
An der Elbe drüben
Und im Egerland,
Krain, Tirol und Kärnten,
Salzburg, Steiermark,

All ihr Weitentfernten –
Einigkeit macht stark!

Brüder auf den Bergen,
Brüder tief im Tal,
Brüder in den Särgen,
Heil euch tausendmal!
Weithin unermessen
Unsre Sitte thront.
Keiner sei vergessen,
Der da einsam wohnt.

Wie in alten Tagen
Stehn wir noch in Kraft,
Unsre Herzen schlagen
Hoch in Leidenschaft;
Wer da will beflecken
Unser höchstes Gut,
Wird den Leu erwecken,
Unser deutsches Blut.

Was uns Gott will schenken,
Das ist Ruhm nach Leid;
Laßt nicht klein uns denken
In der großen Zeit;
Wenn wir wieder werden
Unsern Vätern gleich,
Dann erblüht auf Erden
Uns ein neues Reich. –

Zu dem Baum, dem dürren
Auf dem Walserfeld,
Soll der Geist uns führen,
Der die Heerschau hält.
Und der Baum wird wieder
Aufblühn wie im Mai,
Unser Feind stürzt nieder,
Unser Land ist frei. –

Wenn im Kampfgetümmel
Wir zusammenstehn,
Dann läßt Gott im Himmel
Uns nicht untergehn.
Mögt ihr um mich weinen,
Weil den Tod ich fand – –
Was liegt an dem einen?
Hoch mein Vaterland! –

## II.

Noch sind wir nicht verloren,
Wir stehn in Gottes Macht,
Der Geist, der uns geboren.
Ist wie ein Held erwacht.
Wir stehn auf unsrer Erde,
Als wie vor tausend Jahr,
Und was auch aus uns werde:
Deutsch sind wir immerdar!

Oh, laß an dich uns glauben
Du edles deutsches Wort,
Ob sie vor Unmut schnauben –
Du klingst doch fröhlich fort!
Der Neid kann dich verhöhnen,
Der Ingrimm kann dich schmähn,
Doch laß dein Lied ertönen –
Und Neid und Grimm vergehn.

Oh, laß auf dich uns hoffen,
Du alte deutsche Kraft!
Was immer dich betroffen,
Nur fröhlich aufgerafft!
Du sollst den Hammer schwingen,
Der wuchtig treffen mag,
Dann muß der Ambos singen:
Das war ein deutscher Schlag!

Oh, laß dich herzlich lieben,
Du stolze deutsche Treu'!
Wär' uns auch nichts geblieben,
Du machst uns froh und frei.
Uns hält nicht Zwang zusammen,
Da heißt's nicht Herr und Knecht
Warmblüt'ge Herzen flammen
Und glühn für gleiches Recht. –

Oh, laß auch du dich loben.
Den längst die Erde preist,
Sei auf den Schild erhoben,
Weltkönig, deutscher Geist!
Zeig' dich in Wehr und Waffen,
Sei einem Cherub gleich
Und hilf uns, daß wir schaffen
Ein unvergänglich Reich!

Dann sind wir nicht verloren,
Wir stehn in Gottes Macht,
Der Geist, der uns geboren.
Er führt uns in die Schlacht.
Wir stehn auf unsrer Erde,
Als wie vor tausend Jahr,
Auf daß es kundig werde:
Deutsch sind wir immerdar!

# III.

O Herr im Himmel, steh uns bei
In diesen schweren Tagen,
Erhalt uns stark, erhalt uns frei
Und laß uns nicht verzagen!
Das Vaterland, das höchste Gut,
Geweiht durch unsrer Väter Blut,
Durch deutsche Kraft erworben,
Erhalt es unverdorben!

Du gabst uns ja das schöne Land
Und nahmst es den Barbaren,
Daß wir's mit Herz und Mund und Hand
Dem Enkelkind bewahren.
So bleib' es bis zum jüngsten Tag!
Wer dieses Wort nicht glauben mag,
Wer unsre Kraft will binden,
Der wird uns »deutsch« erfinden. –

Drum soll nicht länger Stein um Stein
Aus unserm Grundbau fallen,
Kein Pfeiler soll erschüttert sein,
Kein Träger unsrer Hallen.
Der einst des Hauses Hüter war,
Der alte, sieggewohnte Aar,
Er soll nach allen Gauen
Hoch von der Zinne schauen.

Was führt uns denn aus Süd und Nord,
Aus Ost und West zusammen?
Wie heißt das große Zauberwort,
Das alles setzt in Flammen?
O Wort! wie bist du schlicht und klein –
O Wort! wie bist du schön und rein: –
Wie's auch die andern treiben,
Wir wollen deutsch verbleiben!

Und das wird nicht erst heut vollbracht.
Geschieht auch nicht erst morgen,
Es braucht kein Wunder über Nacht,
Wie Hasenherzen sorgen.
Wir suchen ja kein neues Haus,
Wir schau'n nicht links, nicht rechts hinaus,
Wir woll'n getreu umfassen,
Was wir schon längst besaßen.

Und drum ist's unsre beste Tat,
Wenn wir vor blindem Wüten
Der deutschen Sitte holde Saat
Mit frommer Hand behüten.
Vor deutschem Geist beugt sich die Welt,
Und wer's mit deutschem Geiste hält,
Den ehrt man aller Landen,
Und er wird nie zuschanden.

Ihr Brüder, tretet in den Ring
Und hebt zum Schwur die Hände,
Es denke keiner so gering,
Daß er von uns sich wende!
Denn das ist nicht der rechte Mann,
Der seines Volks vergessen kann;
Doch falscher Feinde Tadel
Ist unser höchster Adel.

Wohl ist der große Kaiser tot,
Gestorben unter Schmerzen,
Doch leuchtend wie das Morgenrot,
Lebt er in unsern Herzen.
Noch sind wir unsern Vätern gleich,
Noch immer lebt Altösterreich,
Wenn wir nicht feig uns wenden,
So müssen wir's vollenden.

O Vaterland, du höchstes Gut,
Durch deutsche Kraft erworben.
Geweiht durch unsrer Väter Blut,

Bleib ewig unverdorben!
Ihr Brüder aus dem Osterland,
Ihr tapfern Herzen, haltet stand!
Dann wird's noch spät gesungen.
Daß wir den Sieg errungen. –

## IV.

Raget zum Himmel, gewaltige Berge,
Brause nach Osten, du ewiger Strom!
Heimat der Riesen, was drohn dir die Zwerge?
Vaterland! Heil dir! und deutscher Willkomm!

Bist ja so schön, daß dich alle beneiden,
Hebst du den Schleier nur, liebliche Fee,
Stehn sie bezaubert, und keiner will scheiden,
Und wenn du singst, so versinkt alles Weh.

Röslein, das duftende, blüht in den Gärten,
Goldig und purpurn erglühet dein Wein!
Schönheit und Liebe, die holden Gefährten,
Wandeln nicht weiter und treten herein.

Aber nicht Schönheit, nicht Wein und nicht Rosen
Sind unsers Vaterlands herrlichstes Gut,
Windsbraut, sie jagt durch die Berge mit Tosen,
Blitze, sie zucken mit zorniger Glut.

Sturm ist der Freiheit gewaltiges Zeichen,
Sturm treibt die Wasser durch Klippen und Klamm,
Sturm reißt die Krone vom Haupte der Eichen,
Aber nie beugt er den trotzigen Stamm.

Vaterland, sei du wie Himmel und Erden,
Gleiche dem Garten, den Gott dir erschuf,
Lerne im Sturmwind die Eiche zu werden:
Nimmer sich beugen ist deutscher Beruf!

Darum allein bist du Herrin geworden,
Weil du die Kraft mit der Schönheit vermählt.
Bist du gewaltig im Westen und Norden,
Trag auch im Osten die Krone der Welt!

# XI.

## Schnabelwetzer.

### Rat des weisen Meisterleins.

Mein Sohn, nimm meinen Segen!
Geh in die Welt hinaus.
Und findest du Kollegen,
So wähl' sie weise aus.

Du magst, wie immer, heißen,
Magst gut sein oder schlecht,
Sie werden dich zerreißen,
Du machst es keinem recht.

Was du ersinnst mit Nöten,
Erfanden sie schon längst,
Und keiner wird sich töten,
Wenn du dich selbst erhängst.

Weh dir, wenn's dich gelüstet
Hinauf ins Himmelreich,
Dann rufen sie entrüstet:
Das sieht dem Kerle gleich!

# Der Dichter und die Zeitgenossen.

**Das Mädchen.**

> Oh, wie er tief ins Herz mich traf!
> Ich bitt' ihn um ein Autograph.

**Der Jüngling.**

> Scharf wie ein Schwert weiß er zu singen,
> Wir wollen ihm ein Prosit bringen.

**Die Frau.**

> Ein Minnerausch ist sein Gedicht,
> Sieht man ihn an, man glaubt's ihm nicht.

**Der Mann.**

> Kein Amt? Nur Dichter in der Welt?
> Der Mensch hat den Beruf verfehlt.

**Der Theater-Direktor.**

> Mit Sturm und Drang laßt mich in Frieden!
> Ich inszenier' nur Invaliden.
> Bricht sich auch einer das Genick,
> Nur besser für mein eignes Stück.

**Der Regisseur.**

> Ihr greift ins Leben zwar, ins volle,
> Jedoch für mich gibt's keine Rolle.

**Der Theater-Baron.**

> Ein Trauerspiel? langweilige Proben!
> Kein Boudoir und keine Roben!

**Die Berufsgenossen.**

Nicht schlecht! Nur müßte man die Sachen
Erst welt- und bühnenfähig machen.

**Die Polizei.**

Franzosen, Türken, Römer, Griechen –
Schon gut! doch deutsch – das wird gestrichen.

**Der Meister.**

Nur mutig! laß den Kopf nicht hangen!
Wir haben alle angefangen.

**Der Urteilspächter.**

Man hat dich zwölfmal applaudiert,
Geduld! das wird verhallen;
Du bist bei uns nicht abonniert,
So bist du durchgefallen.

**Der Poet.**

Was ist denn geschehn?
Laßt sie schwätzen und schreiben!
Die Blätter vergehn.
Die Werke bleiben.

## Über tredition

### Eigenes Buch veröffentlichen

tredition wurde 2006 in Hamburg gegründet und hat seither mehrere tausend Buchtitel veröffentlicht. Autoren veröffentlichen in wenigen leichten Schritten gedruckte Bücher, e-Books und audio-Books. tredition hat das Ziel, die beste und fairste Veröffentlichungsmöglichkeit für Autoren zu bieten.

tredition wurde mit der Erkenntnis gegründet, dass nur etwa jedes 200. bei Verlagen eingereichte Manuskript veröffentlicht wird. Dabei hat jedes Buch seinen Markt, also seine Leser. tredition sorgt dafür, dass für jedes Buch die Leserschaft auch erreicht wird.

Im einzigartigen Literatur-Netzwerk von tredition bieten zahlreiche Literatur-Partner (das sind Lektoren, Übersetzer, Hörbuchsprecher und Illustratoren) ihre Dienstleistung an, um Manuskripte zu verbessern oder die Vielfalt zu erhöhen. Autoren vereinbaren direkt mit den Literatur-Partnern die Konditionen ihrer Zusammenarbeit und partizipieren gemeinsam am Erfolg des Buches.

Das gesamte Verlagsprogramm von tredition ist bei allen stationären Buchhandlungen und Online-Buchhändlern wie z. B. Amazon erhältlich. e-Books stehen bei den führenden Online-Portalen (z. B. iBookstore von Apple oder Kindle von Amazon) zum Verkauf.

Einfach leicht ein Buch veröffentlichen: **www.tredition.de**

## Eigene Buchreihe oder eigenen Verlag gründen

Seit 2009 bietet tredition sein Verlagskonzept auch als sogenanntes "White-Label" an. Das bedeutet, dass andere Unternehmen, Institutionen und Personen risikofrei und unkompliziert selbst zum Herausgeber von Büchern und Buchreihen unter eigener Marke werden können. tredition übernimmt dabei das komplette Herstellungs- und Distributionsrisiko.

Zahlreiche Zeitschriften-, Zeitungs- und Buchverlage, Universitäten, Forschungseinrichtungen u.v.m. nutzen diese Dienstleistung von tredition, um unter eigener Marke ohne Risiko Bücher zu verlegen.

Alle Informationen im Internet: **www.tredition.de/fuer-verlage**

tredition wurde mit mehreren Innovationspreisen ausgezeichnet, u. a. mit dem Webfuture Award und dem Innovationspreis der Buch Digitale.

tredition ist Mitglied im Börsenverein des Deutschen Buchhandels.

## Dieses Werk elektronisch lesen

Dieses Werk ist Teil der Gutenberg-DE Edition DVD. Diese enthält das komplette Archiv des Projekt Gutenberg-DE. Die DVD ist im Internet erhältlich auf **http://gutenbergshop.abc.de**